Zubereitung

- Stubenküken waschen & trocknen. Mit Salz & Pfeffer würzen. Keulen & Flügel zusammenbinden. Im Bräter rundum ca. 10 Minuten anbraten & herausnehmen.
- Zwiebeln würfeln & Pilze putzen. Im heißen Bratfett anbraten & würzen.
- 1/2 l Wasser & Brühe angießen & aufkochen.
- Stubenküken wieder dazulegen. Zugedeckt im heißen Ofen (E-Herd: 200°C/Umluft: 180°C/Gas: Stufe 3) ca. 40 Minuten (Hähnchen ca. 1 Stunde) schmoren.
- Gemüse putzen bzw. schälen & waschen. Blumenkohl in Röschen teilen. Spargel in kochendem Salzwasser mit etwas Zucker zugedeckt ca. 15 Minuten garen. Möhren & Blumenkohl in kochendem Salzwasser zugedeckt ca. 10 Minuten, Erbsen ca. 3 Minuten garen.
- Butter aufschäumen. Kerbel waschen, abzupfen & hineingeben.
- Gemüse abtropfen lassen. Stubenküken aus dem Fond heben.
- Alles anrichten.
- Fond abschmecken & extra reichen.
- Mit neuen Kartoffeln servieren.

Zu diesem Buch

Karlo Kolbergs Leben im Hamburger Dorf Curslack könnte so beschaulich sein. Der Vierländer Hof erfreut sich wachsender Beliebtheit, seine Freundin Gianna erwartet das erste Kind, die Integration im Dorfleben schreitet voran. Wenn nur Hausdame Erne ihn nicht ständig auf die Suche nach Vermissten schicken würde!
Ganz in der Nähe lebt der junge Syrer Ferhad zusammen mit vier Landsleuten auf dem Dachboden der Kirchengemeinde von Neuengamme - offiziell als Teilnehmer eines internationalen Austauschprogramms für Spitzenköche. Neben ihrem Deutschkurs dürfen sich die Gäste auch am alljährlichen historischen Spiel der Gemeinde beteiligen, bis eine verheerende Explosion nicht nur die Neuengammer Morgenluft zerfetzt. Ein Opfer landet schwerverletzt im Bergedorfer Krankenhaus. Erste Stimmen vermuten die Verursacher unter den Syrern - vor allem als Ferhad spurlos verschwindet. Unfreiwillig ermitteln Kommissar Spannich und Karlo mal wieder gemeinsam. Dabei stoßen sie bald auf weitere mysteriöse Vorkommnisse in der näheren Umgebung. Mehrere Brandanschläge versetzen die Dorfbewohner in Angst und Schrecken. Wird sich Karlo erneut in große Gefahr begeben, oder kann er sich diesmal bei Kommissar Spannich revanchieren?

Deich Alaikum

Silke Schopmeyer

Roman

Zur Autorin

Seit Junghotelier Karlo Kolberg in *Deich Mortale* von der Hamburger Innenstadt nach Curslack gezogen ist, hat die Dürrephase der Vier- und Marschländer Krimilandschaft ein Ende. Silke Schopmeyer kennt die Region aus eigener Erfahrung - inklusive dem Leben in einem Vierländer Hotel. Ihre Sprachkenntnisse, die sie aufgrund längerer Auslandsaufenthalte in England, Frankreich, Italien und Spanien erworben hat, lässt sie gerne in ihre Bücher einfließen. Dank ihres ehrenamtlichen Deutschunterrichts hat die Autorin in den letzten Jahren enge Kontakte zu Menschen aus den Krisenregionen dieser Welt knüpfen können. Einige ihrer Schüler haben durch persönliche Berichte wesentlich zur Entstehung des dritten Deichkrimis beigetragen.

2. überarbeitete Auflage März 2021

Lektorat: Anja Schäfer
Cover: mirafactory/Miriam Beyer
Coverfoto: pixabay
Druck: Booksfactory

ISBN 978-3-00-055961-7

www.silkeschopmeyer.de

Wenn een Minsch also bang is vör Minschen, de anners sünd, eenfach mol hengohn. Eenfach mol ankieken, angrienen, ansnacken oder sünst wat moken. An'n Enn markst du denn gau: De sünd goor nich so anners ... Also, ick glööv ja, dat gifft Minschenfeinde und Bangbüxen op de een Siet un Minschenfrünnen un echte Keerls op de annern Siet.

Yared Dibaba

1

In der Früh

Zu spät. Eine halbe Stunde später als vereinbart. Warum dämmerte es schon? Das hatten sie genau berechnet. An diesem Morgen Mitte Mai sollte die Sonne doch erst um zwanzig nach sechs aufgehen. Oder um zwanzig vor? Unruhig fuhr er sich durch sein raspelkurzes Haar. Wenn ihn hier jemand sah? Alles war organisiert. Von A bis Z. Das Ding musste er durchziehen. Sonst gab's richtig Ärger. Und keine Kohle.

So leise wie möglich schloss Alex die Tür seines schwarzen Golfs, den er weiter hinten am Friedhofsausgang geparkt hatte. Eigentlich war es nicht sein Auto, sondern Biancas. Bei Nachtschichten durfte er es sich ausleihen, solange der Wagen um spätestens acht Uhr dreißig wieder vor ihrer Tür stand. Damit sie zur Arbeit in den Salon fahren konnte. Eilig überquerte er die kopfsteingepflasterte Straße und preschte an dem alles in der Umgebung überragenden Gebäude vorbei zur halbhohen Eingangspforte. Nach kurzem Überlegen überwand er die Kindersicherung des Tors und eilte über den geteerten Vorplatz. Dabei suchte er in seiner engen, schwarzen Jacke nach dem Schlüssel. Nicht durch das doppelflügelige Portal sollte er gehen, sondern rechts daneben die grüne Seitentür benutzen. In seiner letzten Nachricht hatte der Chef ihm genaue Instruktionen gegeben:

„Seitentür auf und sofort die Treppe hoch„

Zu seinem Erstaunen schlug ihm beim Eintreten eine Geruchsmischung aus Skihütte und Eckkneipe entgegen. Das alte Gemäuer schien alle Hinterlassenschaften aus der Zeit vor dem Rauchverbot in öffentlichen Gebäuden gespeichert zu haben. Ohne die unzähligen Bilderrahmen mit Fotos von Kinder- und Jugendfreizeiten an den Wänden wahrzunehmen, stieg er mit müden Schritten die Stufen empor. Seine ungefähr fünfundachtzig Kilo Körpergewicht verursachten dabei ein leises Knarzen auf der ausgetretenen Holztreppe. Ein tiefes Gähnen überkam ihn. Vergangene Nacht hatten sie mal wieder einen heftigen Streit schlichten müssen. Gegen zwei Uhr wollten sich fünf aufgebrachte Familienväter aus Syrien auf etwa zehn fußballspielende Afghanen stürzen, damit ihre Kinder endlich in den Schlaf finden konnten. Zum Glück hatte er zusammen mit seinen Kollegen, die im Gegensatz zu ihm sowohl Arabisch als auch Farsi sprachen, eine heftigere körperliche Auseinandersetzung verhindern können. In der zweiten Nachthälfte konnten die gut achthundert Bewohner aus den Krisenregionen dieser Welt einigermaßen ruhig hinter ihren notdürftigen Trennwänden im ehemaligen Baumarkt schlafen. Leider waren jeweils zwei Männer der beiden verfeindeten Gruppen in den frühen Morgenstunden erneut aneinandergeraten, weshalb Alex erst später als gedacht die Halle hatte verlassen können.

Nach der ersten Treppenwindung und neun weiteren Stufen stand er vor einer verschlossenen Tür, die sich mit dem zweiten Schlüssel öffnen ließ. Zögerlich betrat er den Raum. Durch die Fensterfront auf der linken Seite beschien das zaghaft hereinbrechende Tageslicht einen Billardtisch, einen Tischkicker und ein Waschbecken an der Wand. Auf der rechten Seite des L-förmigen Raums standen unterhalb eines weiteren Fensters ein kleiner Tisch sowie drei Holzstühle. Links vom Tisch führte eine Treppe, die deutlich moderner wirkte als die alten Fußbodendielen, ins nächste Stockwerk. Er atmete einmal tief durch. Ihm war gesagt worden, dass dort oben neuerdings fünf Männer wohnten. An diesem Morgen sollten alle sehr tief und fest schlafen. Dieses 'sehr tief und fest' hatte sein Auftraggeber noch extra betont. Trotzdem bückte er sich von seinen fast zwei Metern Körpergröße herunter, zog zur Sicherheit seine groben Arbeitsstiefel mit Stahlkappen aus und ließ sie am Treppenabsatz stehen. Dabei lauschte er aufmerksam. In regelmäßigen Abständen drangen vereinzelte Schnarchgeräusche an sein Ohr. Nun begann der schwierigste Teil seines Auftrags. Auf Tennissocken schlich er Stufe um Stufe in die letzte Etage des großzügigen Hauses. Die Lautstärke der Schnarchtöne nahm dabei beständig zu. Auf der obersten Stufe angekommen, riskierte er einen kontrollierenden Rundumblick. Direkt gegenüber der Treppe standen fünf Betten mit jeweils einem Meter Abstand dazwischen. Unter jeder mit bunten Blümchen gemusterten Decke lag ein schlafender Mensch. Auf der rechten Seite des ausgebauten Dachgeschosses befand sich eine schlichte Küchenzeile. Ansonsten sah es hier aus, als wären rund um den Treppenaufgang herum diverse Wohnzimmereinrichtungen willkürlich zusammengewürfelt worden: Mehrere Sofas, zwei Tische mit unterschiedlichen Stühlen, bunte Lampen, verschiedene Musikinstrumente, sogar einen abgedeckten Vogelkäfig konnte Alex erkennen. Außerdem gab es viele Regale mit unzähligen Büchern. Bücher schüchterten ihn ein - schon immer. Weder bei seinen Eltern noch in seiner Wohnung gab es dickere Schriftstücke als die paar Frauenzeitschriften, die Bianca von der Arbeit mitbrachte. Nur während seiner Zeit hinter Gittern hatte er zwangsläufig lesen müssen, sonst hätte er das Gefängnis niemals mit einem

Schulabschluss verlassen können. Ein lauter Schnarchton riss ihn aus seinen Gedanken. Angespannt vergewisserte er sich, dass alle Männer nach wie vor tief und fest schliefen. Der Moment schien gekommen. Viel Zeit blieb ihm nicht mehr. Sein vorgeschriebener Weg führte ihn rechts an den Betten vorbei in Richtung der Küche. Auf der gegenüberliegenden Seite hinter einer roten Schrankwand sollte die besagte Abseite sein. Dort würde er finden, was er suchte, es mitnehmen und schnell wieder verschwinden.

*

Die Wiese dampfte noch in der Morgendämmerung. Fröhlich zwitschernd begrüßte eine bunte Vogelschar den jungen Tag. Das war Gerd die liebste Zeit in dieser anstrengenden Woche. Noch wuselten keine aufgeregt schreienden Kinder um ihn herum. Keine gestressten Mitorganisatoren, sogenannte Teamer, gaben hektisch Regieanweisungen. Es roch nach frischem Morgentau und vor Kurzem erloschenen Feuer. Ein latenter Brandgeruch zog sich durch die gesamte Woche. Er trug bereits sein zeitgenössisches Kostüm in Größe XXL. Langes Hemd, eine speckige Lederhose und als I-Tüpfelchen den schwarzen Schlapphut. Die schwere Lederschürze würde er sich erst später um den stattlichen Bauch legen. Im Gegensatz zu seinem acht Jahre jüngeren Bruder Michael, der als Sportlehrer die Grundschule in Ochsenwerder auf Trab hielt, beschränkten sich seine körperlichen Aktivitäten auf kurze Spaziergänge durch die Vierländer Wiesen oder er unternahm Museumsbesuche mit seinen Studenten.

Ein Blick zur linken Seite zeigte ihm, dass die Bühne festlich mit Blumengirlanden geschmückt worden war. Auf besonderen Wunsch der Kinder sollte es wieder eine prunkvolle Hochzeit geben. Eigentlich hatten sie in ihren inhaltlichen Vorbereitungen auf das diesjährige historische Spiel im Rahmen des Westfälischen Friedens keinen Hinweis auf eine Hochzeit entdecken können. Aber die Kinder fanden, das sei nach so einem langen Krieg wie dem Dreißigjährigen ein irgendwie voll positives Signal. Deshalb wurde umgehend die feierliche Verbindung zwischen einem brandenburgischen Reichsgrafen nebst einer sächsischen Comtesse in das Skript zum Abschlussfest hineingeschrieben. Ein paar achtjährige Mädchen wollten unbedingt Blumen streuen und sich besonders hübsch anziehen. Die Jungs fanden das ganze Prozedere ziemlich albern, hatten sich aber immerhin bereit erklärt, für das Brautpaar Spalier zu stehen. Vor allem freuten sie sich auf das bevorstehende Festmahl mit einem amtlichen Spanferkelbraten.

Als er an den Zeltplanen vorbeischlenderte, stellte Gerd fest, dass diese noch recht klamm waren. Zwischen den Vierländer Deichen mit ihrem weitverzweigten Grabensystem stieg in den Morgenstunden besonders viel Feuchtigkeit auf. Vor allem die schönen Baldachine aus rotem Samt hingen wie nasse Handtücher herunter. In diesem Jahr war die Ausgestaltung etwas prunkvoller geraten, weil die Geschichte in der Neuzeit spielte und nicht mehr bei den Römern, den Steinzeitmenschen oder im mittelalterlichen Hamburg. Das diesjährige historische Spiel der Neuengammer Gemeinde fand im Jahr 1648 im westfälischen Münster statt. Den Kindern sollte gezeigt werden, wie nach einem langen, grausamen Krieg zwischen zwei unterschiedlichen Konfessionen und vielen Ländern Europas ein Friedensvertrag ausgehandelt werden konnte. Gladiatorenkämpfe im alten Rom hätten ihm persönlich deutlich besser gefallen, aber die jungen Teamer wollten sich unbedingt an dieses Thema heranwagen. Immerhin hatte es am ersten Tag noch eine ebenso spektakuläre wie zerstörerische Schlacht gegeben, bei der das über Jahre von engagierten Gemeindemitgliedern in liebevoller Handwerkskunst aufgebaute Dorf stark in Mitleidenschaft gezogen worden war. Jeder sollte dabei - nach strengen Regeln - gegen jeden kämpfen. Zusätzlich zu den bestehenden Holzhütten war ein neuer Holzverschlag entstanden, der mit Feuerpfeilen beschossen werden durfte. Einer der langjährigen Teamer hatte sich dabei als erstaunlich treffsicher hervorgetan. Am Ende dieses verlustreichen Tages reifte auf allen Seiten der mitspielenden Kinder die Erkenntnis, dass es auf diese Weise unmöglich weitergehen konnte. Laut Ablaufplan hatte diese Schlacht den anschließenden Beginn der Friedensverhandlungen eingeläutet.

In ihren Rollen als Gesandte der Niederländer, eines brandenburgischen Fürstentums, der Franzosen, der Spanier und auch des Papstes hatten die über vierzig Beteiligten die Aufgabe einen langfristigen Frieden herbeizuführen. Mit äußerster Entschiedenheit musste in den nächsten Tagen miteinander diskutiert und nach möglichen Kompromissen gesucht werden. Darüber hinaus wurde wie zu der Zeit üblich gekocht, gegessen, geschmiedet sowie Konzerte und Tanzdarbietungen im historischen Dorf besucht. Am Donnerstag war - wie im Spielplan vorgesehen - der entscheidende Durchbruch gefunden worden. Die positive Wendung sollte am heutigen Tag ausgiebig gefeiert werden.

Über die überdachte Holzbrücke begab sich Gerd in das eigentliche historische Dorf, das an dieser Stelle das ganze Jahr über aufgebaut blieb. Vor einem hohen Weidezaun reihten sich mehrere Holzhütten aneinander. Die Schäden der Kämpfe des ersten Tages hatten sie notdürftig behoben, aber noch immer erinnerten herausgebrochene Holzlatten an weniger friedliche Zeiten. Zielstrebig ging er auf die offene Hütte mit dem Lehmbackofen zu und wunderte sich. Warum brannte hier noch kein Feuer? Kein bisschen Qualm verließ den Schlot des Ofens. Die Jungs vom Dachgeschoss hatten sich doch darum kümmern wollen. Unter dem Beifall aller Teamer hatte sich sein Assistent, dieser blutjunge Kameltreiber, noch dazu bereit erklärt. Wo war der Kerl nur? Der konnte doch nicht verschlafen haben. Gerade heute! Schließlich brauchten sie die Glut für die Schmiede, für die Gießerei! Es mussten noch weitere Münzen angefertigt werden, damit die Braut eine ansehnliche Mitgift erhalten konnte. Ferhad wollte das angeblich erledigen, bevor er sich in einen brandenburgischen Reichsgrafen mit Heiratsabsichten verwandelte.

Um keine Zeit zu verlieren, suchte Gerd in seinen ausgebeulten Taschen fieberhaft nach Streichhölzern - eines der wenigen Zugeständnisse an die modernen Zeiten. Befriedigt stellte er fest, dass wenigstens das Holz bereits aufgeschichtet worden war. Mit einem Ratsch glimmte das Stäbchen auf. Sofort warf er es auf die Holzscheite und beobachtete das entstehende Feuer. Bis es unerwartet zischte. Das Geräusch klang irgendwie anders als ein langsam aufglimmendes Ofenfeuer. Verwundert runzelte er die hohe Stirn und bückte sich ein wenig. Eine kleine Glut schien sich in dem selbstgebauten Lehmbackofen zu entwickeln. Gerd richtete sich wieder auf und trat einen Schritt zurück. Dann ging alles ganz schnell: Ein ohrenbetäubender Knall zerfetzte die Luft. Der weiße Lehmofen zerbarst in unzählige kleine Teile, der offene Holzverschlag zerfetzte, die Holzteile trafen die umliegenden Schuppen, Ställe und Wohnhäuser. Durch die heftige Druckwelle wurde Gerd zur gegenüberliegenden Baumgruppe geschleudert. Regungslos blieb er unterm dichten Blätterdach liegen.

*

Im Dachgeschoss zuckte der frühmorgendliche Besucher erschreckt zusammen. Instinktiv verließ Alex den Küchenbereich und drückte sich an der gegenüberliegenden Schrankwand entlang, hinter deren Glastüren ungefähr tausend Spiele aufbewahrt wurden. Am Ende lag die Abseite. Das Ziel seines Auftrags. Unter Schock versuchte er, flach zu atmen. Die Gedanken in seinem Kopf kreisten unaufhörlich. Verdammte Scheiße! Was war das? Was war da gerade mit einem megalauten Knall in die Luft geflogen? Er riskierte einen vorsichtigen Kontrollblick um die Ecke. Unruhig wälzten sich die Männer in ihren Betten herum. Ihr tiefer und fester Schlaf war durch die Explosion zunichtegemacht worden. Es dauerte nicht lange und erste Stimmen erfüllten den Raum. Aufgeregt unterhielten sie sich in einer ihm fremden Sprache. Arabisch vermutlich. In Anbetracht des markerschütternden Knalls erhoben sich die Fünf erstaunlich schwerfällig von ihren Betten. Einer von ihnen torkelte zum halbrunden Dachfenster und starrte angestrengt hinaus. Ein anderer wankte vorsichtig die Treppe hinunter. Nach einem Blick aus dem Fenster, das zum weitläufigen Außengelände hinausging, rief er aufgeregt etwas nach oben. Mit ungeschickten Bewegungen zogen sich die Männer notdürftig an und taumelten ebenfalls die Holzstufen hinab.

Vorerst unentdeckt blieb Alex in seinem Versteck zurück. Nach wenigen Augenblicken herrschte Stille. Was sollte er tun? Auf gar keinen Fall durfte man ihn hier sehen. Bloß keine Komplikationen! Ratlos fuhr er sich mit beiden Händen über den Kopf. Das konnte echt nicht wahr sein! Diesen Sonderauftrag vom Chef hatte er doch nur kurz dazwischenschieben wollen. Ein letztes Mal illegal. Dank der Kohle wollte er mit Bianca endlich einen geilen Urlaub machen. Wellness oder so. Das würde ihr gefallen. Sie musste ja nicht wissen, woher das Geld kam. Sonderprämie eben. Mit einem Seufzen blickte er auf sein Handy. Halb sieben. Später musste er wieder zur Schicht. Im Baumarkt. Die ganze Nacht. Hoffentlich waren vorher noch ein paar Mützen Schlaf drin. Nach einem inneren Seufzer öffnete er vorsichtig die Tür hinter der Schrankwand und versteckte sich so leise wie möglich in der Abseite.

2

Im Turm

Ferhads Atem ging stoßweise. Ihm war schwindelig. Seine Brust tat ihm weh. Die Beine zitterten. Außerdem hatte sich an der steilen Treppe ein Splitter in seine rechte Hand gebohrt. Am schlimmsten aber war die Angst. Wie klebriger kalter Schleim legte sie sich um seinen Brustkorb. Was würden sie mit ihm tun? Der Krieg war furchtbar gewesen, aber da ging es nicht um ihn als Person. Hier jedoch drehte es sich um ihn selbst. Um Ferhad Al Latif. Er hatte nichts getan! Wie hatte das nur passieren können? Meine Güte, war das ein lauter Knall gewesen! Wie in den letzten Bombenwochen zu Hause, als er und sein Bruder Khaled von den Eltern auf die lange Reise Richtung Norden geschickt worden waren. Wie hatten sie an diesem Morgen bloß verschlafen können? Dabei hatte er sich doch extra den Wecker gestellt. In seinem Handy. Um früh das Feuer anzuzünden. Wieso hatte er das Klingeln nicht gehört? Was war da draußen passiert? Nichts hatte er mit dieser schrecklichen Explosion zu tun! Gar nichts! Auch wenn er sich in den letzten Tagen oft über Gerd und seine Sprüche geärgert hatte. So etwas hatte keiner verdient! Wie war es zu dieser Explosion gekommen? Resigniert lehnte er sich zurück an die kalte Wand. Bis zum heutigen Tag waren ihm die letzten Monate erschienen wie ein unwirklicher Traum. Seit sie in Ochsenwerder angekommen waren. Seit sie hier in Neuengamme aufgenommen worden waren. Seit Sophie in sein Leben getreten war.

Ein Terrorist? Er war kein Terrorist! Er war vor dem

Terror geflohen! Vor Assad und seiner Armee. Vor Daesh - oder dem IS - wie die Deutschen diese Verbrecher nannten. Deshalb mussten sie damals raus aus Aleppo. Weg von der Familie. Warum hatten diese Männer ihn nur so genannt? Vorhin auf der Toilette. Als sie im Flur standen und redeten. Mit Hilfe der freiwilligen Helfer bei diesem schrecklichen Baumarkt, dank Erne, dem freundlichen Pastor und natürlich durch Sophie hatte er schon ganz gut Deutsch gelernt und der Unterhaltung einigermaßen folgen können.

„Nu sach mir mal eins …“, raunte ein älterer Mann. „… wer mokt hier wohl jeden Morgen den Ofen an?“

Ein anderer schnaubte verächtlich.

„Und wer kommt direktemang aus'm Kriech nach uns hier?“

„Da sachst was“, entgegnete der andere mit einem hässlichen Lachen. Er klang deutlich jünger als sein Gesprächspartner. Ferhad kam seine Stimme irgendwie bekannt vor.

„Die kennen sich doch hunnert pro mit Sprengstoff und Waffen aus! Dat is so!“

„Einer von de Arabers soll schon die ganze Woche Brass mit Gerd gehabt haben!“, wusste der Jüngere zu berichten. „Dieser Fahrrad!“

„Fahrrad?“

„Oder so ähnlich …“

„Egal! Dat sin allens Terroristen! Die ham dat im Blut!“

„Die Bullen kommen gleich, dann is aber man Zappenduster hier mit der Terrorzelle in unsern Gemeindehaus!“

Nach den letzten beiden Bemerkungen hielt Ferhad den Atem an. Kalte Panik stieg in ihm hoch und gesellte sich zum Schwindel in seinem Kopf. Er wurde verdächtigt! Die Bullen? Diesen beleidigenden Ausdruck für Deutschlands Polizisten hatten sie schon sehr früh gelernt. Auf keinen Fall durften sie ihn hier finden. Er wollte nichts mit der Polizei zu tun haben. In Syrien nicht und in Deutschland erst recht nicht! Zu viele schreckliche Gefängnisgeschichten hatte er sich in den letzten Jahren anhören müssen. Wer glaubte denn einem Flüchtling aus dem Nahen Osten? Er hatte keine Zeit mehr zu verlieren! Sofort musste er sich verstecken. Nur wo?

Als die beiden Männer nach einer gefühlten halben Ewigkeit endlich zur Seitentür hinausgegangen waren, betätigte Ferhad die Spülung, wusch sich die Hände und huschte über die großzügige Diele eilig ins offenstehende Büro der nicht anwesenden Gemeindesekretärin. Wahrscheinlich stand Elisabeth Wohlwill zusammen mit seinen vier Mitbewohnern und allen anderen draußen auf der Wiese. Gerne hätte er noch einmal mit seinem Bruder gesprochen, der sich bestimmt Sorgen um ihn machen würde. Darauf konnte er im Moment jedoch keine Rücksicht nehmen. Zu seinem eigenen Schutz musste ihm schnell etwas einfallen. Nach einem Blick in den großen Schlüsselkasten neben dem Schreibtisch kam ihm die rettende Idee. Letztens hatte ihn Walter, der Friedhofsgärtner, noch dorthin geführt.

3

Einige Wochen zuvor

Jesus Christus spricht:
…Ich war fremd und obdachlos und ihr habt mich aufgenommen.
Matthäus 25,35

Der Neuengammer Kirchenvorstand und Mitarbeiter gegen Rassismus und Ausländerfeindlichkeit!

Wie jeder Besucher der Neuengammer Kirchengemeinde wurden auch die beiden Pastoren aus Ochsenwerder und Curslack mit diesen Worten, die auf einem großflächigen Banner über dem Eingang geschrieben standen, begrüßt.

„Plötzlich bekommt das Zitat eine sehr konkrete Bedeutung“, bemerkte der Curslacker Pastor Christian Himmel beim Hineingehen.

„Dann wollen wir mal sehen“, entgegnete Benjamin Florin, sein Kollege aus Ochsenwerder.

„Und … hättste's gewusst?“, spielte Christian auf ihren andauernden Bibelstellenwettbewerb an.

„Ich weiß ja nicht, was ihr in Curslack so treibt, aber bei uns dreht sich im Moment jede zweite Predigt um genau das Thema.“

Auf der großzügigen Diele befand sich Pastor Traugott Warmeling gerade in regem Austausch mit der aufgebracht wirkenden Gemeindesekretärin. Bei jedem Zusammentreffen mit seinem fast doppelt so alten Kollegen hatte Benjamin Florin das Gefühl, als hätte der liebe Gott in dem stattlichen Riesen einen besonderen Schalter installiert, der ihn von innen heraus strahlen ließ. Wer mit ihm sprach, fühlte sich danach immer ein bisschen wärmer. Der junge Pastor fragte sich jedes Mal, ob er einen Ansatz dieses Gefühls jemals seiner Gemeinde würde vermitteln können.

Unter seinem Talar und in der Freizeit trug Traugott stets ausgebeulte braune Cordhosen in Bärengröße, kombiniert mit groben Holzfällerhemden. Abgerundet wurde sein unkonventionelles äußeres Erscheinungsbild von seinen vollen grau-braunen Haaren, die ihm in Wellen bis zur Schulter reichten.

„Keine Sorge, Elisabeth, die Herrschaften werden deine Blumen schon nicht anrühren“, versuchte er sie mit beruhigenden Gesten und seinem beseelten Lächeln zu besänftigen.

Über die langjährige Zusammenarbeit hinweg hatte seine Mitarbeiterin offensichtlich eine gewisse Immunität gegen dieses innere Strahlen entwickelt. Die nur wenige Jahre jüngere Frau schien von den Beschwichtigungsversuchen ihres Chefs nicht gänzlich überzeugt. In einem übertrieben betonten Hochdeutsch entgegnete die ehemalige Hamburger Innenstadtbewohnerin, die vor ihrer Hochzeit mit einem Vierländer Großgärtner in Barmbek-Süd gelebt hatte: „Wenn die Orchideen nur ein Quäntchen zu viel Wasser bekommen, dann …“

„Das wird schon.“

„Und was ist mit den Kindern?“, fragte sie nach wie vor aufgebracht und strich dabei über ihre weite Blumenbluse Größe XL.

„Die gehen in unseren Kindergarten“, antwortete der Pastor mit Unschuldsmiene. Dabei faltete er die Hände vor seiner gemütlichen Bauchwölbung.

„Und was sagen die Eltern dazu?“

„Denen werde ich alles genau erklären.“

„Ich weiß ja nicht … also mein Ernst sagt …“

„Ah, die Kollegen!“ Sichtlich dankbar für die Ablenkung begrüßte Pastor Warmeling die beiden Besucher: „Einen wunderschönen guten Morgen!“

„Dir auch, lieber Traugott!“, wünschte Benjamin Florin und reichte ihm die Hand.

Bevor Christian Himmel den Neuengammer Kollegen begrüßte, wandte er sich an die nach wie vor unzufrieden blickende Gemeindesekretärin: „Guten Morgen Elisabeth, du hast doch irgendwas mit deinen Haaren gemacht, oder?“ Er deutete auf ihren praktischen Kurzhaarschnitt. „Sehr flott!“

Benjamin verdrehte innerlich die Augen, als er sah, wie der Sekretärin eine leichte Röte ins Gesicht stieg und sich ihr Mund zu einem Lächeln verzog.

„Ach, Christian … nur eine neue Tönung …“, winkte sie ab.

„Siehst du, meine Liebe! Ist mir doch sofort aufgefallen“, entgegnete Christian eine Spur zu selbstgefällig.

Nachdem sich alle gegenseitig begrüßt hatten, kam der Hausherr ohne Umschweife zur Sache: „Dann wollen wir mal sofort zur Tat schreiten. Ich zeige euch eben unsere Räumlichkeiten.“ Mit einem Seitenblick auf seine Sekretärin fragte er: „Möchtest du uns begleiten, Elisabeth?“

Obwohl sie nach wie vor verträumt in Christians Richtung starrte, entgegnete die Kirchensekretärin mit unterkühlter Stimme: „Vielleicht später. Da sind noch ein paar Dinge zu erledigen.“

*

Durch die Wände des hellen Jugendraums, in dem der für eine gelungene Jugendarbeit unvermeidliche Tischkicker und ein Billardtisch standen, war lautes Kindergebrüll und Gestampfe zu hören.

„Die sind ja wie immer fröhlich dabei“, sagte Pastor Himmel in Richtung der Kinderstimmen.

„Mit der engagierten Holzschuhtanzgruppe müssten sich unsere neuen Gäste irgendwie arrangieren“, entgegnete der Hausherr augenzwinkernd. „Das geht hier jeden Vormittag so zu.“

„Alte Holzdielen haben auch ihre Nachteile“, stellte Pastor Benjamin Florin mit Blick auf den honigfarbenen Fußboden fest.

„Na ja, zum Glück verfügen wir über ein großzügiges Außengelände. Irgendwann im Laufe des Tages dürfen sich auch die Eltern wieder um ihre lebhafte Brut kümmern.“

Pastor Warmeling führte seine Besucher über eine steile Treppe ins ausgebaute Dachgeschoss. Auf den letzten Stufen konnte er sich ein angestrengtes Schnaufen nicht verkneifen. Immer wieder nahm er sich vor, weniger zu essen und sich mehr zu bewegen. Leider blieb es meist bei den guten Vorsätzen. Oben angekommen, begutachteten die Kollegen mit Wohlwollen die gemütliche Einrichtung des Raums.

„Ich vergesse immer, wie verwinkelt euer Gemeindehaus ist“, bemerkte der Pastor aus Ochsenwerder.

„Sie tappen umher im Dunkel ohne Licht … er lässt sie irren wie Trunkene“, zitierte sein Kollege aus Curslack.

„Tja …“ Benjamin Florin kratzte sich am Kopf.

„Florinchen, du lässt nach!“, frotzelte Christian Himmel.

„Liefert ihr euch immer noch euren Schlagabtausch?“, erkundigte sich Pastor Warmeling milde lächelnd.

„Man muss die jungen Kollegen auch mal ein wenig fordern!“, scherzte Christian, während er in einem Wandregal interessiert die Büste einer nackten Frau betrachtete. „Dieses Kunstwerk sollten wir aus gegebenem Anlass besser entfernen.“

„Da magst du recht haben …“, stimmte Benjamin ihm zu, als sein Handy vibrierte. Nach einem prüfenden Blick auf das Display sprach er lächelnd in den Hörer: „Nina! Was kann ich für dich tun? … Du musst wohin? … Charity … Hmm … Vier-Jahreszeiten … Muss ich wirklich?“ Er verdrehte die Augen. Christian Himmel grinste. „… Der graue Anzug … Um halb acht vor der Tür … Bis nachher!“ Er senkte die Stimme merklich und drehte den Kopf zur Seite. „Ich freu mich … Ich dich auch.“ Sichtlich verlegen wandte er sich wieder seinen Kollegen zu.

„Na, darfst du wieder nicht deine ollen Zimmermannshosen tragen?“, feixte Christian.

„Die hab ich schon ewig nicht mehr angehabt“, empörte sich Benjamin. „Nur im Garten!“

„Ein Hochlied auf die Frauen …“

„Du nervst!“

„Du kneifst!“

Entschlossen legte Benjamin die Hände in die Hüften. „Wenn ich mich nicht irre, bezog sich die vorherige Textstelle auf Hiob 12,25 … Da war ich letztens erst.“ Triumphierend blickte er in die Runde.

Pastor Warmeling nickte dem Kollegen aus Ochsenwerder anerkennend zu und machte eine ausholende Bewegung mit seinen karierten Armen. „So, meine Herren, das wäre also der besagte Raum.“

„Gemütlich“, kommentierte Benjamin die großzügige Sofalandschaft gegenüber des Treppenaufgangs.

„Unsere Jungschar kommt hier auch immer wieder gerne zu Besuch vorbei“, erwähnte der Curslacker Pastor. „Obwohl es in ihrem Häuschen ebenfalls ganz schön ist.“

„Und die Gemeinde steht dahinter, dass hier auf unbestimmte Zeit fünf syrische Männer leben werden? Die Jugend wird sich schon ein wenig einschränken müssen“, gab der Kollege aus Ochsenwerder zu bedenken.

„Als überzeugter Christ muss man den Fremden doch helfen. Dann hat die Jugend eben ein Zimmer weniger. Das wird schon gehen“, wiegelte Pastor Warmeling ab.

„Im Moment herrscht in Bergedorf ein Riesenchaos bei den Notunterkünften“, wusste Pastor Florin zu berichten. „Umar hat mich regelrecht angefleht, dass sein Bruder und dessen Freunde unbedingt aus diesem schrecklichen Baumarkt raus müssten!“

„Das ist schon unglaublich! Vor Jahren hab ich da noch mein Werkzeug gekauft und jetzt wohnen dort Menschen auf der Flucht.“ Christian schüttelte fassungslos den Kopf.

„Zum Glück haben die anfänglichen Auseinandersetzungen abgenommen. Aber ein normaler Alltag ist dort beim besten Willen nicht möglich.“ Benjamin seufzte. „Unser Alter Gasthof soll ja nun doch ziemlich schnell zu ’nem Wellnesstempel umgebaut werden. Deshalb stehen alle verfügbaren Räume im Pastorat in ein paar Tagen mit dem Krempel von dort voll. Sonst hätten wir sie gerne bei uns aufgenommen.“

„Und bei uns wird leider gerade das Dach renoviert“, entgegnete Christian Himmel.

„Kollegen, das ist für mich eine echte Herzensangelegenheit. Zu meiner Zeit auf St. Pauli haben wir in unserer Kirche regelmäßig Asyl gewährt. Das verstehe ich unter wahrer Christenpflicht.“ Pastor Warmeling sah von einem zum anderen. „Nach dem Zweiten Weltkrieg hat dieses Gemeindehaus den damaligen Flüchtlingen aus dem Osten ebenfalls als Unterkunft gedient. Mein heutiges Büro wurde deshalb aus einer offenen Veranda zu einem weiteren Zimmer ausgebaut. Die Gemeinde kennt das also schon. Hier oben können sie schlafen. Unten sind die Waschräume und unsere Küche."

„Das klingt doch schon mal gut", sagte Benjamin Florin.

„Außerdem wollen wir einen Deutschkurs auf die Beine stellen. Mit Ehrenamtlichen …" Der Pastor schaute in die Ferne. „Nur wer seine Bedürfnisse, Meinung, Missverständnisse und Trauer ausdrücken kann, der ist hier wirklich angekommen."

Während seine Worte noch im Raum nachhallten, machte Christian einen weiteren Vorschlag: „Vielleicht sollten sich die Neuankömmlinge selbst auch ein wenig nützlich machen?"

„Unbedingt! Hasan ist ein ausgezeichneter Koch. Vor seiner Verlegung in den Baumarkt hat er uns zum Abschied ein Buffet gezaubert - zum Niederknien!", geriet Pastor Florin ins Schwärmen.

„Das klingt doch vielversprechend."

„Traugott?", ertönte eine aufgeregte weibliche Stimme von einem Stockwerk tiefer.

Der Pastor runzelte die Stirn. „Elisabeth? Wir sind nach wie vor hier oben!"

„Ich weiß, könntest du mal eben runterkommen?"

„Hat das nicht Zeit bis später?"

„Ich fürchte nicht …"

„Die Dame scheint ein ernsthaftes Problem zu haben. Soll ich mal …" Benjamin Florin begab sich umgehend in Richtung der Treppe.

„Der liebe Benjamin, unser Frauenversteher!", witzelte Christian, während sein Kollege die Stufen hinuntereilte.

„Das müsst ihr euch ansehen!", rief Benjamin nach wenigen Augenblicken zu seinen Kollegen hoch. „Draußen stehen Leute!"

„Was für Leute?“, fragte Pastor Warmeling stirnrunzelnd.

„Kommt einfach mal her!“, forderte Benjamin die anderen auf.

Sofort stiegen die beiden Männer hinunter, um gemeinsam mit Benjamin aus dem Fenster des unteren Jugendzimmers zu sehen.

Auf dem Vorplatz des Gemeindehauses hatten sich mindestens zwanzig Personen versammelt. Hauptsächlich Männer mittleren Alters schienen eine heftige Diskussion miteinander zu führen.

„Die sehen nicht wirklich entspannt aus“, stellte Christian fest.

„Sag ich doch!“ Die Gemeindesekretärin verschränkte die Arme über ihrem üppigen Brustkorb. „Wir haben ein echtes Problem, Chef!“

*

„Guten Abend, liebe Gemeinde! Was führt euch denn zu uns?“, begrüßte Traugott Warmeling die kleine Versammlung im Hof.

Nach einem längeren Moment des Schweigens trat schließlich ein älterer Mann aus der Menge hervor. Der pensionierte Architekt Tristan von Maifels war wie üblich in Schwarz gekleidet. Vor vielen Jahren hatte er sich ein altes Reetdachhaus direkt an der Dove-Elbe zugelegt und es nach seinen exklusiven Entwürfen umbauen lassen. Nur selten mischte sich der schöngeistige Eigenbrötler in die Geschicke der Gemeinde ein. Zuletzt beim gelungenen Anbau des Kindergartens.

„Wir bitten um Aufklärung, da uns gewisse Gerüchte zu Ohren gekommen sind“, sagte er mit bedächtiger, aber bestimmter Stimme.

„Wat is nu mit de Arabers hier?“, schrie ein anderer. Christian, der mittlerweile neben Pastor Warmeling stand, erkannte Knut aus seinem Gesangverein Gaudi.

„Araber?“, fragte der ältere Pastor mit unschuldiger Miene.

„Die Spatzen pfeifen von de Dächers, dat in unser Gemeindehaus Flüchtlinge kommen. Richtich veele!“

„Nu geiht dat aber los hier!“

„Dat lassen wir uns nich gefallen!“

„Wat soll der Scheiß, ey!“, verkündete ein Jüngling mit blonden, kurzen Haaren und eng zusammenstehenden Augen.

Unerbittlich verschränkten die protestierenden Männer ihre Arme vor der Brust.

Gedankenversunken schwieg Pastor Warmeling. Den letzten Redner, Pascal Putten, hatte er selbst vor sechs Jahren konfirmiert. Nach dessen finsterem Gesichtsausdruck zu schließen, schien bei dem jungen Kerl nicht viel an Nächstenliebe hängengeblieben zu sein. Mit dem vom Konfi-Geld erstandenen Mofa war er ziemlich lange stolz durch die Gegend gefahren. Einmal hatte er ihn anhalten müssen, weil Pascal und sein Freund Dennis sich aus Spaß Trauerschleifen aus Beerdigungsgestecken an ihr Gefährt gebunden hatten. Das daraufhin angeordnete Laubharken auf dem Friedhof hatte der damalige Mädchenschwarm als unnötige Schikane empfunden. „Mein Vater sagt sowieso nur Sozipastor zu dem!„, hatte Warmeling zufällig einem vertraulichen Gespräch der harkenden Kumpels entnommen. Zu seiner persönlichen Verwunderung wirkte der kleine Rebell jedoch jedes Jahr beim historischen Spiel als Teamer mit.

Christian und Benjamin traten nervös von einem Bein auf das andere. Nach einer Weile richtete der Hausherr erneut das Wort an die Wartenden. Wie bei seinen Predigten breitete er die Arme aus: „Meine liebe Gemeinde, was immer die Vögelchen euch so zugezwitschert haben mögen, da hat sich wohl der eine oder andere falsche Ton eingeschlichen." Vor seinen nächsten Worten versuchte er, jeden direkt anzusehen. „Es verhält sich doch folgendermaßen: Im Rahmen eines internationalen Austauschprogramms werden in den nächsten Wochen fünf Spitzenköche aus Syrien unter unserem Dach wohnen."

„Ist das Dachgeschoss für eine dauerhafte Bewohnung überhaupt zugelassen?", sprach der Architekt in das kurzfristig entstandene Schweigen hinein.

„Mein lieber Herr von Maifels, wenn sich die Jugend in unserem Dachgeschoss versammeln darf, dann dürfen wir dort selbstverständlich auch Gäste unterbringen. Das ist bereits geklärt", preschte der Pastor mit entschiedener Stimme vor. „Dieses ambitionierte Programm wurde vor vielen Jahren entwickelt, um die Völkerverständigung zwischen Orient und Okzident zu verbessern. Unsere Gemeinde wird sich derweil um die netten Herren kümmern, ihnen ein Bett sowie einen Deutschkurs anbieten und natürlich unsere Art zu kochen näherbringen. Im Gegenzug werden sie für so manche kulinarische Köstlichkeit bei unseren traditionellen Festen sorgen."

Sprachlos tauschten Christian und Benjamin irritierte Blicke aus. „Das fällt unter den Bereich Notlüge, oder?", raunte Benjamin hinter vorgehaltener Hand.

„Ich lade ihn gern in meinen Beichtstuhl ein."

4

Im Vierländer Hof

„Wo ist Gianna?“, erkundigte sich Karlo, während er mit mehreren Kisten beladen den hellen Frühstücksraum betrat. „Der ganze Kofferraum ist noch voll.“

Erne war mit dem Aufräumen des Buffets beschäftigt. Wie üblich hatten sich ein paar graue Strähnen aus ihrer Hochsteckfrisur gelöst. „Moin Chef! Hat sich wedder hingelegt, die arme Deern!“, entgegnete sie mit ehrlichem Verständnis in der Stimme.

„Schon wieder?“

„So schoin wie se da rin komm’, komm’ se nich wedder raus“, klärte ihn die kinderlose Erne fachmännisch auf. Karlo errötete leicht und schwieg betreten. Es lag ihm fern, derartige Themen mit seiner Hausdame zu erörtern. Da lobte er sich schon eher den pragmatischen Kommentar seines Vaters: „Deutsch-italienische Gene - das kann nur ein Weltklasseruderer werden! Denk mal an die Brüder Abbagnale.“

„Oder an Massimo Paradiso“, hatte Gianna ihren Schwiegervater freudestrahlend an den Star der italienischen Rudernationalmannschaft erinnert, die im letzten Jahr für Aufregung in Ochsenwerder gesorgt hatte. Karlos Mutter hatte angesichts des bevorstehenden Familienzuwachses gerührt eine Träne verdrückt.

„Ich kiek mal eben nach der Wäsche …“, informierte Erne ihren Chef, als er mit leeren Händen wieder aus der Küche kam. Kurz entschlossen strich sie ihr fliederfarbenes Twinset glatt und bewegte sich auf die Waschküche zu, die direkt neben dem Frühstücksraum lag. „Gleich is wedder Deutschkurs in Neuengamme."

„Deutschkurs?" Karlo schien erstaunt. „Ich dachte eigentlich, die Herren sollten vor allem kochen lernen?"

„Auch. Aber erstmal müssen die Dschungs unsere Sprache verstehn."

„Gibt's da nix Offizielles?"

„Alle Schulen inne Umgebung sind dicht. Da ham wir gedacht, dat machen wir selbst. Der Pastor und ich. Und die lütte Sophie. Die studiert ja auf Lehramt."

„Da sind die Herren ja bestens aufgehoben!" Nachdenklich sah er sie an. „Tja … ich weiß ja nicht, ob ich das könnte …"

„Man muss in ganz lütte Schritte vorgehen. Stück för Stück."

„Und? Lernen die auch was mit euch?"

„Na und ob!"

„Nicht nur Plattdeutsch?"

„Dat kann ich wohl trennen!"

„Aber gekocht wird auch?"

„Hasan is 'n echten Gourmet - was der mit unsern Gemüse allens anstellt, du ahnst es nich! Schad, dat er mit Schweinefleisch nix an Hut hat!"

„Also lernt ihr mehr von denen als umgekehrt?"

„Na ja, also …" Sie wand sich ein wenig. „Die annern Kerls ham's ja man nich so mit'n Kochen. Da is schon noch zu tun."

„Aber ich dachte … Was haben die denn vorher so gemacht?" Karlo versuchte, sich an den Zeitungsartikel im Wochenblatt zu erinnern, in dem über fünf syrische Köche berichtet wurde.

„Also, Khaled is fertiger Ingenieur. Dat is auch so'n richtich Plietschen. Der schnackt bannig gut Englisch. Sein lütter Bruder Ferhad muss grad mit de Schule fertich sein. Dat is'n ganz Feinfühliger. Der hat'n Vogel!"

„Wie?"

„Nen Kanarienvogel! Kino heißt der!" Erne lachte über ihr ganzes rosiges Gesicht. „Dann is da noch Amir, unser Tischler. Der is immer so bannig traurig, der arme Kerl. Den muss man echt begöschen, dat er mal lächelt. Beim Deutschkurs schreibt der sich die Finger wund. Auch wenn er nich viel schnackt. Oft hilft er Walter."

„Dem Friedhofsgärtner?", fragte Karlo nach.

„Jo. Wenn Hasan ihn nich inne Küche braucht. Und Yassir is von Haus aus Archäologe. Der frisst alle Bücher über alte Steine. War schon in fast jedem Museum inne Stadt. Wat der allens in sein Kopp hat." Sie tippte sich mit dem Zeigefinger an die Stirn. „Außerdem isser unser Experte für Sprichwörter. Die saugt der auf wie'n Schwamm. Nur sein Bart is'n büschen lang. Aber da will er nix von hörn." Sie grinste. „Manchmal kriecht er Besuch von sein' Bruder Umar, der bei Ruppkes in Ochsenwerder auf'm Hof arbeitet. Als ehemaliger Biolehrer!" Ungläubig schüttelte sie den Kopf.

„Das ist ja ne echt bunte Truppe."

„Allens feine Kerls, auf die lass ich nix kommen! Die machen sogar beim Histospiel mit."

„Wobei?", fragte Karlo irritiert nach.

„Kennsas nich, Chef?" Erne blickte Karlo erstaunt an.

„Ein Leben wird nicht ausreichen, um alle alten Traditionen der Vier- und Marschlande kennenzulernen", entgegnete der ehemalige Hamburger Innenstadtbewohner augenzwinkernd.

„Jedes Jahr macht die Gemeinde mit de Kinners eine Woche lang 'ne Zeitreise. Mit Kostüme, Handwerk, alten Döntjes und allem Pipapo."

„Spannend!"

„Die ham da so'n richtiges Dorf aufgebaut. Die Gemeinde hat ja bannig viel Platz."

„Und was für Geschichten spielen die?"

„Von Steinzeit bis Eroberung Amerikas war schon allens dabei. Ich war mal beim alten Rom - als Weberin."

„Und die Syrer sind nun auch mit von der Partie?"

„Jo. Für die Küche und die Schmiede."

„Das ist doch Integration vom Feinsten!"

„Dat sach ich aber! Soll'n die Lüt doch ihr dumm Tüch schnacken. Die Dschungs sind voll in Ordnung."

„Hat Hinrich die Schüler denn auch schon mal kennengelernt?" Karlo wusste, wie eifersüchtig ihr Mann sein konnte.

„Nee, der is da'n büschen bange." Sie verdrehte die Augen. „Aber den Dösbaddel kriech ich noch soweit!"

„Wenn er schon Englisch lernt …"

„Eben, er muss sich einfach mal trauen. Nützt ja nix. Wat de Bur nich kennt …"

„Essen soll er sie ja nicht gleich."

5

Im Wintergarten

Warme Abendsonnenstrahlen fielen durch die Glaswände und tauchten den Wintergarten in ein sanftes Licht. Wuchtige Möbel im Kolonialstil standen auf dem leicht glänzenden Terrakottafußboden. Mehrere Zitronenbäume in geflochtenen Körben und andere exotische Blattpflanzen verliehen dem Raum mediterranes Flair. Auf dem mindestens drei Meter langen Massivholztisch hatte der Gastgeber diverse Käsesorten, Wurstplatten, Butter und Weidenkörbe mit einer Brotauswahl bereitstellen lassen. Ein Mädchen aus der Nachbarschaft erledigte die letzten Handgriffe für die erwartete Vereinssitzung, dessen Mitglieder in einer halben Stunde eintreffen würden. Als der Hausherr zusammen mit einem älteren Herrn den Raum betrat, zog sie sich wie zuvor besprochen in die Küche zurück.

„Ein echter Förster, sagst du?", setzte der erste Gast des Abends die an der Garderobe begonnene Unterhaltung fort. Der Stimme des ganz in Schwarz gekleideten Herren im Rentenalter war eine gewisse Aufregung anzumerken. „Und du hast dich auch nicht verhört?"

„Wenn isch et dir doch sach!" Auch wenn er schon mehrere Jahre in den Vier- und Marschlanden wohnte, konnte der stolze Besitzer dieses alten Reetdachhauses im Neuengammer Stegelviertel seine rheinländische Herkunft nicht verleugnen. Während sich die Männer einander gegenüber an den Tisch setzten, hielten sie Blickkontakt. „Hör ma, mein Informant hat beste Connections. Vor allem hier inne Gegend." Er musste seinem Vereinskameraden ja nicht unbedingt erzählen, dass die wichtige Information am Rande einer Unterhaltung an der Theke der Landstuv an sein Ohr gedrungen war. Der Gärtner Walter Lange erzählte gerne kleine Geschichten aus seiner Gemeinde, dessen Friedhof er seit vielen Jahren betreute.

Einen Moment hüllten sich beide Männer in Schweigen.

„Soll 'n ziemlischer Schinken sein“, setzte der Gastgeber erneut an.

„Und der steht einfach so im Gemeindehaus rum?“ Mit fahrigen Bewegungen raufte sich sein Gegenüber das volle, weiße Haar.

„Im Dachgeschoss. In einer der Abseiten. In Orginalgröße!“

„Wusste er was zum Motiv?“

Der Hausherr kramte in seiner Erinnerung. „Nisch, dat isch wüsste. Könnt wohl 'n Porträt sein ...“

„Und die Technik?“

„Wat denn für 'ne Teschnik?“

„Förster war berühmt für seine Farbholzschnitte ...“

„Keine Ahnung!“

„Hm.“ Die Gedanken des Besuchers fuhren Achterbahn. Es fiel ihm sichtlich schwer, seine Aufregung zu verbergen. Er fühlte sich wie ein Jäger vor dem finalen Sprung auf die lang ersehnte Beute. Ein echter Förster! Der fehlte ihm noch. Für seine Sammlung. Dann wäre sie endlich vollständig. Dann konnte er die Abteilung Heimatkunst abschließen. Das letzte Puzzlestück. Wenn es stimmte, musste er ihn haben, unbedingt! „Ich werde morgen Pastor Warmeling fragen, was das Bild kosten soll.“

Roland Kloss schüttelte entschieden den Kopf. „Soweit isch weiß, darf die Gemeinde Försters Bilder nisch verkaufen. So hattet der Künstler über alle seine Werke verfüscht, die sisch im Besitz der Kirsche befinden.“

„Wie?“ In seiner Anspannung hatte der Gast nicht richtig zugehört. Voller Vorfreude hatte er sich vor seinem inneren Auge bereits ausgemalt, wie der Förster feierlich zu den anderen Kunstwerken seiner privaten Sammlung gehängt wurde.

„Dat Bild is anscheinend unverkäuflisch.“

Unverkäuflich? Seine innere Wunschvorstellung zerplatzte wie eine Seifenblase. An der Wand blieb nunmehr eine leere Stelle zurück. Das konnte nicht sein! „Alles hat seinen Preis“, behauptete er trotzig.

„Dieset Kunstwerk wohl nisch.“

„Warum hängt das kostbare Stück dann nicht in der Kirche? Bei den anderen Werken Försters?“ Ungläubig runzelte er die zerfurchte Stirn.

„Dat ist mir auch nisch ganz klar. Man munkelt, dat et Ärger mit irgendwelschen Erben des Malers gegeben hat.“

„Hm.“

„Verkaufen wird die Gemeinde dat gute Stück auf gar keinen Fall.“ Aufmerksam beobachtete der Hausherr, wie sein Gast mit fahrigen Bewegungen zu einem Stück Brot griff. „Ansonsten is grad ’n Haase aufgetaucht, ’n paar alte Skizzen. Interesse?“

„Haase? Der malt mir zu realistisch.“ Der Mann in Schwarz wedelte abwehrend mit der rechten Hand. „Ich bevorzuge es eher, meine Phantasie anregen zu lassen.“

„Der Künstler war wohl mal ziemlisch beliebt … wat man so hört.“

„Was interessieren mich diese Kunstbanausen von damals? Die einem vollkommen talentfreien Postkartenmaler aus Österreich hinterhergerannt sind!“ Während sich der Kunstliebhaber erneut seine weißen Haare raufte, fragte er sich, ob es wirklich eine gute Idee gewesen war, diesen Zugezogenen als Mitglied in ihrem Verein *Deichheimat* aufzunehmen. Ihre Statuten hatten sich zwar der Wahrung der Tradition im besten Sinne für die Vierlande verschrieben, aber manchmal gingen ihm die Ansichten des zwölften ständigen Mitglieds zu sehr in eine eher bedenkliche Ecke. Darüber wollte er jedoch zu einem geeigneteren Zeitpunkt genauer nachdenken. Jetzt verfolgte er ein anderes Ziel. Dabei musste dieser Kerl ihm helfen. „Ich will diesen Förster! Der wird doch irgendwie zu beschaffen sein!“

„Lass misch mal überlegen …“ Der Hausherr nahm einen Schluck aus seinem Bierglas. „Vielleischt gibbet ’nen Weg.“

„Geld spielt keine Rolle.“

„Sagen wir mal besser so: Eine Hand wäscht die andere, mein Lieber.“

6

In der Landstuv

„Danke, die Herren. Wir sehen uns dann nächste Woche.“ Nach dem letzten Ton von *Röslein auf der Heide* verabschiedete sich Gianna freundlich lächelnd von ihrem Männergesangverein Gaudi.

„Wenn da man nix zwischen kommt“, entgegnete Hermann mit einem fachmännischen Blick auf Giannas kugelrunden Bauch.

„Ein paar Wochen habe ich noch, keine Angst.“

„Ansonsten fährt der werdende Vater sie *stante pede* von der Probe in den Kreißsaal!“, bemerkte Christian Himmel.

„Wenn dat mal kein gote Sänger wird!“, feixte der rotgesichtige Knut, während er sich sein ausgeblichenes Sweatshirt in die ausgebeulte Jeans steckte. Der Mittfünfziger hatte sich bei der Wahl seiner Kleidung wohl noch nie mit einer Frau beraten können, dachte Karlo.

„Schreien könn’ se ja alle!“, ereiferte sich Hermann. „Wenn ich da an mein’ Enkel Gscheroum denke - wat ’n Schreihals! Sein großer Cousin Pascal war da ganz anners. Gibt so ’ne und so ’ne.“

Alle Sänger begaben sich zielstrebig an den Tresen der Landstuv, wo bereits die erste Runde Bier gezapft wurde.

„Renée! Hast schon wat fertich?“

„Na logo!“ Der Mann am Zapfhahn fuhr sich grinsend durch seinen Hipsterbart, der genau wie die mittellangen Haare einen leichten Rotstich hatte. Auf seinem verwaschenen T-Shirt prangte ein Scherenschnitt von Che Guevara in Pink.

„Dein Bart ischa man bannig lang! Pass op, sonst musst bald Asyl beantrogen!“, witzelte Knut.

„Dann kannst inne Kirche wohn’! Schön warm und trocken!“, bemerkte ein jüngerer Tresengast, der von seinem Opa Hermann mit einem kurzen Druck auf die Schulter begrüßt wurde.

„Da hast recht, Pascal“, pflichtete ihm Knut bei. „Die Kerle! Setzen sich mir nichts dir nichts ins gemachte Nest. Kriegen alles vorne und hinten … jeden Tach Fünf-Gänge-Menü und uns Erne hält Händchen. Wieso sind die nich in ihr’n Land und kämpfen wie echte Männer? Also, wenn dat mein Land wär, dann …“ Knut ballte entschlossen die Faust.

„Und wieso ham die alle so teure Handys? Jeder rennt da mit so’n Teil rum. Also, ich hab nich dat neueste i-Phone! Ich kann mir dat nich leisten!“, tönte Uwe Winter. Die kleine Gärtnerei vom offiziellen Fahnenträger des Gesangvereins Gaudi hatte noch nie besonders viel abgeworfen.

„Die tun doch alle nur so, als wärn sie arme Syrer aus dem ach so armen Syrien. Jetzt sach mir mal: Wieso werfen die Typen alle ihre Papiere wech? Dat muss mir mal einer erklärn! Ich hab meine Papiere immer am Mann!“ Zum Beweis zückte Pascal eine Brieftasche aus seiner auf den Hüften hängenden Jeans.

„Wo soll dat noch hinführen?“, ereiferte sich ein weiterer Gast, dessen Bemerkung alle Umstehenden zu weiteren Kommentaren animierte. Karlo und Christian tranken schweigend ihr Bier, tauschten jedoch zunehmend besorgtere Blicke aus. Zum Glück hatte sich Gianna bereits auf den Heimweg gemacht. Die Italienerin konnte bei derartigen Diskussionen ihr Temperament oft nicht zügeln.

„Wer kümmert sich denn nu um die Obdachlosen?“

„Wir ham auch arme Lüt bi uns!“

„Die klaun doch alle nur!“

„Immer nur Kerle. Da musst doch deine Töchter wechsperren!“

„Männer, dat kann man nich allens über einen Kamm scheren“, schaltete sich der stets besonnene Hermann in die Diskussion ein. Seinen Enkel bedachte er mit einem kritischen Blick. „Da gibt’s wie bei uns so ’ne und so ’ne.“

Pascal starrte schweigend in sein Glas. Auf eine politische Diskussion mit Opa Hermann, der zugleich sein derzeitiger Arbeitgeber war, wollte er sich lieber nicht einlassen.

„Wenn ich mich richtig erinnere, wohnen im Gemeindehaus lediglich fünf Köche, die zufällig aus Syrien kommen“, merkte Christian fast beiläufig an.

Karlo bemerkte, wie Hermanns Enkel ungläubig die Augen verdrehte.

„Mal ab von den Gästen in eurem Gemeindehaus …“ Auf der anderen Tresenseite war ein Räuspern zu vernehmen. „Sollte es irgendwen hier interessieren, würde ich in der Sache gerne ein wenig zur allgemeinen Aufklärung beitragen.“ Zu Karlos Erstaunen gehörte die Stimme zu Renée, der während seiner folgenden Ausführungen weiterhin seelenruhig Bier zapfte. „Dass mal eins klar ist: In Syrien herrscht Krieg. Präsident Assad kämpft gegen gefühlte hundert Rebellengruppen, die sich alle nicht einig sind. Je nach Interessenlage werden die Gegner von den Saudis, von der Türkei, von den Amis und von anderen Mächten unterstützt. Auch von uns. Assad selbst erhält vor allem vom Iran und den Russen militärische Hilfe.“ Für einen Moment unterbrach er den Zapfvorgang und ließ seinen Blick in der Runde kreisen. „Ich persönlich wüsste echt nicht, für wen man da mit welchem Ziel kämpfen sollte? Wer im Zweiten Weltkrieg begriffen hatte, dass der Kampf gegen Hitler eigentlich fast immer ins KZ führte, der ist damals genauso aus diesem Land geflohen wie heute die Syrer vor ihrem Regime.“

Am Tresen herrschte betretenes Schweigen. Knut starrte in sein halbleeres Glas. Pascal fixierte einen Fleck an der gegenüberliegenden Wand.

„Es gibt bestimmt Flüchtlinge, die nicht aus Syrien kommen, denen es trotzdem scheiße geht und die sich als Syrer ohne oder mit gefälschtem Pass ausgeben. Da jedes Land ein eigenes Arabisch pflegt, wird dieser Betrug beim Asylverfahren durch geschulte Dolmetscher ziemlich bald festgestellt. Wir alle hier können ja schließlich auch einen Sachsen von einem Bayern unterscheiden."

„Dat stimmt", pflichtete Knut ihm bei.

„Wegen des Krieges ist es in Syrien leider so, dass man dort nicht mal eben auf dem Bezirksamt einen Pass beantragen kann. Die meisten Ämter sind zerstört. Genauso wie ausländische Botschaften und Konsulate."

Nach wie vor wortlos starrten nun fast alle Männer in ihre Gläser.

„Zu den Handys kann ich nur so viel sagen: Auf einer megagefährlichen Flucht ist ein gutes Handy das Wichtigste. Wenn eine Familie das Geld für einen Schleuser zusammenkratzen kann, dann gehört ein Smartphone zur notwendigen Ausstattung. Ohne Handy - kein Kontakt zum Schleuser - kein Kontakt zur Familie - keine Updates über Hindernisse auf dem Weg nach Europa."

„Erne sagt auch, dass die Jungs ihr Handy sogar als Wörterbuch benutzen, mit Aussprache und allem", ergänzte Karlo.

„Davon mal ab, da sind bestimmt auch Erinnerungen drauf gespeichert. Also ich hab die Kinners immer dabei." Hermann winkte mit seinem amtlichen Smartphone.

„Klar, dat hebbt wi auch!", stimmten ihm mehrere der Umstehenden zu.

„Neben den Katzenvideos ...", flachste Knut, „... und

den Schlümpfen."

Ein befreiendes Lachen drang aus fast allen Kehlen.

„Sollten noch weitere Unklarheiten bestehen …", Renée blickte einmal kurz in die Runde, „… fragen kost' nix."

„Mensch Jung, du weißt aber fix Bescheid! Wie kommt dat denn?", wollte Knut wissen.

Auch Karlo und Christian warfen sich erstaunte Blicke zu. Vor allem Karlo hatte Renée und seine politischen Ansichten in ganz anderer Erinnerung.

„Wer liest, ist klar im Vorteil."

„Also … ich hab im Neuengammer Gemeindehaus ja schon des Öfteren in die Küche reinschnuppern dürfen - köstlich, sage ich nur", berichtete Pastor Himmel. „Allein diese kleinen Gebäckteilchen …"

„Kochen könn' se wohl, dat sacht auch Ilse. Die Chefin is da im Kirchenvorstand", erwähnte Knut.

„Wat denn? Hammel?", fragte Pascal abfällig grinsend.

„Nee, de hebbt schon zwei, dreimal wat für alle gekocht. Mit Huhn und richtich legger Gemüsegedöns."

Während Knut sprach, öffnete sich plötzlich die Tür der Gaststätte und eine junge Frau trat ein. Als Renée die dunkelhaarige Schönheit erblickte, legte sich umgehend ein Strahlen auf sein Gesicht und er winkte sie zu sich. Am Rande des Tresens begrüßten sie sich mit einem kurzen Kuss.

„Hallo, mein Schatz!", flüsterte er ihr halblaut zu.

„Hallo", erwiderte sie schüchtern.

„In 'ner halben Stunde können wir los", sagte er leise. „Setz dich doch so lange dazu."

„Na, Renée, willst uns deine Süße nich mal vorstellen?", fragte Knut laut.

„Das ist Hatice."

7

Im Turm

Was waren das nur für Geräusche? Aufmerksam lauschend hockte Ferhad auf der dicken wollenen Unterlage, die er über dem Holzboden ausgebreitet hatte. Bei seiner überstürzten Flucht hatte er geistesgegenwärtig noch drei Decken aus der Diele im Gemeindehaus mitgenommen. Unmittelbar neben ihm waren Scharren und leises Quieken zu hören. Die Geräusche kamen ihm bekannt vor. Mäuse quiekten anders, sie scharrten auch nicht so laut. Es mussten Vögel sein. Er mochte Vögel. Traurig dachte er an seinen kleinen Kino, um den sich die anderen nun hoffentlich kümmerten. Es mussten größere Tiere sein. Vielleicht Falken. Falken und ihre Geräusche waren ihm vertraut. Von den Besuchen bei seinem Onkel Monif in Rubaya. Seit vielen Jahren schon handelte die Familie von Tante Esma mit Raubvögeln. Die Scheichs aus den Emiraten zahlten viel Geld für die fliegenden Jäger der Lüfte. Falken auf die Jagd zu schicken, war dort eine Freizeitbeschäftigung wie mancherorts Golfspielen. Sogar das syrische Staatswappen zierte ein stolzer Falke. Hier oben musste tatsächlich ein Nest sein. An zwei Innenwänden des Turms fielen ihm Holzkästen auf. Sie wirkten stabil. Wahrscheinlich waren diese Brutstätten extra für die Vögel montiert worden. Hinter einem der vier Verschläge ertönte soeben ein besonders lautes Quiekkonzert hungriger Jungvögel und ihrer Mutter. Unerbittlich bettelten sie nach Nahrung. Das Familienoberhaupt war bestimmt wieder unterwegs auf der Suche nach Mäusen oder anderem Kleingetier, während die Mutter aufpasste, dass ihren Kindern kein Nesträuber zu nahe kam.

Ferhad verschränkte die Arme hinter dem Kopf und starrte in die Turmspitze. Seine Mutter konnte schon lange nicht mehr auf ihn aufpassen. Sie war zu weit weg. Im Libanon. Bei Onkel Ahmed. Manchmal würde er liebend gerne auf sie aufpassen und ihre traurigen Augen für einen Moment zum Lachen bringen. Wenn er wieder die schrecklichen Nachrichten sah. Die furchtbaren Bilder auf den Facebookseiten seiner Freunde. Aber es war unmöglich. Sie lebten über dreitausend Kilometer Luftlinie voneinander entfernt.

Nach einer Weile stand er auf und reckte seine steifen Gliedmaßen. Im dämmrigen Innenraum des Turms war es noch kühl und so ein Holzboden bot auf Dauer keine Bequemlichkeit. Immerhin konnte man hier aufrecht stehen. Einige Lichtstrahlen der Frühlingssonne fielen durch die Lüftungsschlitze. Hoffentlich wurde es bald wärmer. Mit einem Seufzen setzte er sich wieder auf die Decke und wickelte eine weitere um den Körper. Sein Magen begann zu rumoren. Ihm wurde schlagartig bewusst, dass er in der Aufregung am Morgen nichts gegessen hatte. Mit den Decken unterm Arm hatte er vorhin in der Küche des Gemeindehauses noch einen Beutel mit Keksen und einige Gläsern selbstgemachter Marmelade gefüllt.

Hungrig öffnete Ferhad das erste Marmeladenglas und eine Packung Schokoladenkekse. Bedauernd dachte er an die köstlichen Baklava, die er gestern Nacht bei seiner Rückkehr noch gegessen hatte. Dass Hasan im Trubel rund um das historische Spiel auch noch Zeit zum Backen gefunden hatte, nötigte ihm großen Respekt ab. Diese klebrigen Teilchen hatte er schon immer geliebt. Nur zwei Stückchen waren für die anderen übrig geblieben. Nachdem sein erster Hunger gestillt war, erhob er sich, um erneut durch die Schlitze zum Gemeindehaus hinüberzublicken. Mehrere Polizeiautos, die

Feuerwehr und einige Schaulustige tummelten sich nach wie vor im Hof. Als Kind hätte ihm der Trubel einen Riesenspaß bereitet. Von rechts rollte ein dunkelblauer Audi - seine Lieblingsmarke - das Kopfsteinpflaster hinunter und parkte an der Straße direkt gegenüber vom Turm. Die Fahrertür öffnete sich und ein Mann in einem hellen Trenchcoat stieg aus dem Wagen.

8

In Neuengamme

Mal wieder aufs Land. Nachdem er seine langen Beine aus dem Dienstwagen geschält hatte, atmete Kommissar Dirk Spannich vom Kommissariat in Hamburg-Bergedorf tief durch. Ein penetranter Brandgeruch vermischte sich mit zarten Frühlingsdüften. Rund um den Neuengammer Friedhof stand die üppige Natur in voller Blüte. Seit seinem letzten Fall in Ochsenwerder mit der Entführung italienischer Weltklasseruderinnen, der Erpressung eines gewissenlosen Großgärtners und der fahrlässigen Tötung eines polnischen Landarbeiters war abgesehen von ein paar Bagatelldelikten schon länger nichts mehr hier draußen passiert. Ungern erinnerte er sich an den Verwesungsgeruch des erst nach mehreren Wochen aufgefundenen Leichnams. Bei der Explosion eines Blindgängers war der arme Kerl damals tödlich verunglückt. Zuvor hatte der polnische Landarbeiter zusammen mit einem Kollegen das Flugzeug, in dem sich die Weltkriegsbombe befunden hatte, eigenhändig auf einem Marschländer Acker ausgraben dürfen.

Aufmerksam sah sich der Kommissar um. Nach wie vor war es für ihn schwer zu begreifen, dass diese beschauliche Region tatsächlich zur Weltstadt Hamburg gehörte. Früher galten die Vier- und Marschlande als der Blumen- und Gemüsegarten der nahegelegenen Großstadt. Heute nahm die Zahl der Betriebe beständig ab, während die Bedeutung als Naherholungsgebiet wuchs. Er warf einen kurzen Blick nach links auf die hübsche, aber schlichte Backsteinkirche und den einige Meter davon entfernt stehenden weißen

Turm. Aus Richtung des dahinterliegenden Friedhofs flog ein großer Vogel zielstrebig auf das hohe Gebäude zu. Er schien etwas im Schnabel zu tragen. Spannich kannte sich mit Vögeln nicht besonders gut aus, aber dieses Exemplar ging schon in Richtung amtlicher Raubvogel - Bussard, Adler, Falke, Habicht oder sowas in der Art.

Mit staksigen Schritten und aufmerksamem Blick schlenderte er die Straße hinunter auf das Gemeindehaus der Kirchengemeinde Neuengamme zu. Am Anfang eines neuen Projekts ließ er zunächst die nähere Umgebung des Tatorts auf sich wirken. Jedes klitzekleine Detail konnte für die Ermittlungen von Bedeutung sein. An der weit geöffneten Pforte wurde er bereits von einem uniformierten Kollegen erwartet.

„Moin, Herr Kommissar Spannich."

„Guten Morgen, Herr Schulze."

„Der Tatort befindet sich hinten", erklärte der Uniformierte mit einem Blick über die Schulter.

„Dann wollen wir mal."

Spannich bot sich ein buntes Bild: Mehrere Polizisten, Feuerwehrleute und teilweise merkwürdig gekleidete Leute schlenderten jeweils zu zweit oder dritt über den Vorplatz um das rotgeklinkerte Gemeindehaus herum. Auf der Rückseite des Gebäudes eröffnete sich das großzügige Außengelände. Am Ende des leeren Spielplatzes, der zum Kindergarten gehörte, parkte ein Feuerwehrauto, an dem einige Feuerwehrleute herumwerkelten. Ein langer Schlauch wurde eingerollt und weitere Gerätschaften routiniert verstaut. Auf seinem Weg über die Wiese wunderte sich der Kommissar verstärkt über die vielen Menschen in offensichtlich historischen Kostümen, die weiter hinten auf Bänken saßen, oder zwischen bunten Zelten in Grüppchen zusammenstanden und allesamt aufgeregt miteinander redeten. Schon als kleiner Junge hasste er Verkleidungen. In seiner Kindergarten- und Grundschulzeit hatte ihn der eine oder andere Infekt, Fieber, Bauch-, Zahn- oder Kopfweh vor den traditionellen Faschingsfesten gerettet. Seit den letztjährigen Ermittlungen beim mittelalterlichen Spektakulum am Bergedorfer Schloss hatte sich seine Aversion auch auf die beliebten Mittelaltermärkte übertragen. Es war ihm damals eine besondere Freude gewesen, einen Händler im Lumpengewand der Justiz übergeben zu können, weil dessen angeblich original mittelaltergetreu gefertigten Lederpuschen allesamt *made in China* waren. Auch wenn sich Spannich persönlich wahrlich nicht als Modejunkie bezeichnen würde, musste er damals schon feststellen, dass diese mittelalterlichen Trachten jeden Menschen irgendwie hässlich machten. Bei genauerer Betrachtung der hiesigen Besucher stellte er fest, dass deren Kostümierungen nicht unbedingt auf ein Mittelalterspektakel hindeuteten. Die älteren Herren trugen mehrheitlich hohe, bis über die Knie reichende Stiefel aus Leder. Darüber endete eine weite Hose, an der bei vielen seitlich ein Degen herunterhing. Auf manchen Schultern lagen Spitzentücher, die aussahen wie die kleinen Deckchen auf dem Couchtisch seiner Mutter. Alle trugen Schlapphüte mit aufgeschlagenen Krempen, die mit einer oder mehreren Federn geschmückt waren. Die weiblichen Mitwirkenden steckten in faltigen Kleidern mit glatten, engen Ärmeln und einem Leibchen darüber. Sie wirkten allesamt äußerst herausgeputzt, wie für ein großes Fest.

„Was ist denn hier los? Wurde Fasching von den Protestanten etwa in den Frühling verlegt?“, erkundigte er sich irritiert.

„Nee, Chef“, entgegnete Schulze. „Die machen hier jedes Jahr so ein historisches Spiel mit Kindern. Mit Kostümen, selbst gezimmerten Hütten … und … und … und …“

„Aber den Kindern ist nichts passiert?“

„Nee, denen geht's gut. Die Eltern wurden nach der Explosion am heutigen Morgen sofort informiert und dazu angehalten, ihre lieben Kleinen zu Hause zu lassen. Der Kindergarten bleibt heute ebenfalls geschlossen.“

Spannich machte eine ausholende Armbewegung über das Gelände und bat seinen Kollegen: „Könnten Sie mir jetzt kurz berichten, was hier genau vorgefallen ist?“

„Dafür führe ich Sie am besten zum Dorf dort hinten.“ Der Polizist räusperte sich kurz. „Besser gesagt zu dem was davon übrig geblieben ist …“

Nachdem dem Überqueren der noch intakten Holzbrücke standen sie mit einem Mal in einer Trümmerwüste. Überall auf dem ausgetretenen Lehmboden verstreut lagen zersplitterte Holzteile, zerbeulte Töpfe, Pfannen und Besteck. Die aus Holz errichtete Gebäudereihe auf der linken Seite hatte erheblichen Schaden genommen. Das mittlere Gebäude war ganz in sich zusammengestürzt.

„Wie ist das passiert?“, fragte Spannich nach einem ausgiebigen Rundumblick.

„Nach ersten Erkenntnissen hat Herr Gerd Meyer, Professor für Geschichte, heute früh am Morgen den Lehmofen im sogenannten Backhaus angefacht. Dabei hat es aus noch ungeklärter Ursache eine starke Explosion gegeben. Meyer wurde vermutlich durch die Druckwelle auf die gegenüberliegende Baumgruppe geschleudert.“

Spannich begutachtete die verrußten Bäume. „Und?“

„Zum jetzigen Zeitpunkt befindet sich das Opfer in der Notaufnahme des Allgemeinen Krankenhauses in Bergedorf. Schädel-Hirn-Trauma. Starke Verletzungen an der Wirbelsäule. Mehrere Knochenbrüche. Ein paar Organe wurden wohl auch ziemlich gequetscht. Es besteht akute Lebensgefahr.“

„Weiß man schon, was die Explosion hervorgerufen hat?"
„Die Kollegen vom Sprengstoffdezernat sind noch dabei." Er deutete auf zwei Männer in Spezialanzügen, die die Brandstelle untersuchten. Spannich kannte das über lange Jahre eingespielte Team. Der Größere der beiden, Hartmut Krupp, trug wie immer ein Tuch mit Totenköpfen um den schmalen Hals. Sein kleinerer, aber um einiges breiterer Kollege, Patrick Stahl, führte einen Schäferhund an der Leine, der an allen herumliegenden Gegenständen eifrig schnüffelte. Von einem Moment auf den anderen setzte sich das Tier hin. Dabei gab es keinen Laut von sich und verharrte still auf einem Fleck in der Nähe des ehemaligen Ofens. Sein Herrchen versteifte sich ebenfalls.
„Was gibt's, Stahl?", erkundigte sich Spannich.
„Alfi hat was gefunden."
„Sprengstoff?" Spannich wusste, dass Sprengstoffhunde extra darauf trainiert waren, sich bei einem Fund absolut passiv zu verhalten. Zu ihrer eigenen und der Sicherheit ihres Führers durften sie weder bellen noch am kritischen Material kratzen.
„Jo", antwortete der Kollege knapp.
„Und was jetzt?", fragte Spannich nach und rückte seine Brille zurecht.
„Das gesamte Gebiet räumen!", ordnete der hochgewachsene Kollege Krupp mit fester Stimme an. „Wenn wir hier hinten fündig werden, dann kann genauso gut im Haus gegenüber was sein."
„Gut." Der Kommissar wandte sich an seinen uniformierten Kollegen: „Schulze, haben Sie ein Megaphon?"
„Hol ich!", rief dieser und lief umgehend zum Gemeindehaus zurück.
Wenige Minuten später stellte sich Spannich in die Mitte der Wiese und sprach in den Trichter: „Achtung, Achtung!

Auf polizeiliche Anordnung möchte ich Sie bitten, das Gelände und das Gemeindehaus zu Ihrem eigenen Schutz unverzüglich zu verlassen. Ich wiederhole …“

*

Nach wie vor zusammengekauert in der schmalen Abseite vernahm Alex die Aufforderung nicht laut aber eindeutig. Er musste hier raus! Auch wenn das hieß, seinen Auftrag nicht zu beenden und das Objekt der Begierde zurücklassen zu müssen. Jetzt galt es nur noch, seine Haut zu retten! Vorsichtig öffnete er die Tür des Verstecks und schlüpfte langsam hinaus. Während er sich wieder zu seiner vollen Größe aufrichtete, fuhr ihm plötzlich ein Schrecken in die steifen Glieder. Nicht weit von ihm entfernt - bei der Küchenzeile - stand ein Mann und sah ihn an. Dessen grüne Augen und auch das mittelblonde Haar kamen ihm bekannt vor. Nur woher? Wo hatte er diesen Typen schon einmal gesehen? Alex verdrängte die Gedanken. Unbedingt musste er die Schrecksekunde zu seinen Gunsten nutzen. Geistesgegenwärtig und finster blickend deutete er mit der einen Hand auf sein Halfter mit der Gaspistole. Die andere Hand hielt er an die geschlossenen Lippen. Die unmissverständlichen Gesten erzielten ihre erwünschte Wirkung. Eingeschüchtert blieb der Kerl auf seinem Platz stehen und bewegte sich auch nicht, als Alex eilig die Treppen hinunterstürzte.

Unten angekommen war er einerseits froh, dass im selben Moment viele merkwürdig kostümierte Leute das Gelände verließen. Andererseits ärgerte er sich maßlos über seine oben vergessenen Schuhe - von dem ebenfalls zurückgelassenen Objekt aus der Abseite ganz zu schweigen. Nur auf Socken mischte er sich so unauffällig wie möglich unter die

Menge und bog nach der Pforte rechts ab in Richtung seines Autos. Bianca würde ziemlich sauer sein, dass ihr Wagen an diesem Tag erst um neun Uhr vor der Tür stand.

9

Auf dem Friedhof

Wieder mussten sie vor Explosionen und Zerstörung flüchten! Hörte das denn niemals auf? Sollte so ihr Leben in Zukunft aussehen? Mit vor Angst geweiteten Augen und Ferhads Vogelkäfig in der Hand stürzte Khaled als einer der Letzten aus seinem sicher geglaubten Zufluchtsort und lief hinüber zum Friedhof.

„Du hast ihn nicht gefunden?“, wollte Yassir wissen. Dabei fuhr er sich immer wieder mechanisch über seinen langen Bart. Neben ihm saßen Amir und Hasan auf einer der Bierbänke, die der Friedhofsgärtner Walter eilig für alle vom Kirchengelände Geflüchteten bereitgestellt hatte.

„Er ist weg“, entgegnete Khaled mit leiser Verzweiflung in der Stimme.

„Wo kann er denn nur hin sein?“, überlegte Yassir angestrengt. „Er ist doch unser Kleiner …“

Tatsächlich galt Ferhad mit seinen zwanzig Jahren als das Küken ihrer Männergruppe. Auf ihn und sein Wohlergehen hatten alle immer ein besonders wachsames Auge. Neben Khaled kümmerte sich vor allem der noch kinderlose Yassir um den Abiturienten. Unzählige Gespräche hatten sie miteinander geführt. Über Politik. Über Freiheit. Über die ungewisse Zukunft ihres Landes.

„Ich weiß es nicht.“ Kraftlos ließ sich Khaled auf der Bank nieder und starrte auf die Windräder, die sich monoton in der Ferne drehten.

„Vielleicht bei seiner kleinen Freundin?“ Hasan deutete mit einer Kopfbewegung zu ihrer Lehrerin Sophie, die etwas weiter entfernt auf einer Bank unter einem Kastanienbaum saß. Mit unbewegter Miene starrte sie vor sich hin. Alle fünf Teilnehmer des Deutschkurses im Gemeindehaus von Neuengamme hatten das hübsche Mädchen mit der stets positiven Ausstrahlung vom ersten Moment an in ihr Herz geschlossen. Ferhad konnte sich absolut glücklich schätzen, ihrem Herzen offensichtlich ein wenig näher gekommen zu sein, dachte sein Bruder.

„Meinst du?"

„Denk mal an gestern Abend", erinnerte ihn Hasan mit einem flüchtigen Augenzwinkern. „Wann ist Ferhad wiedergekommen und warum wollte er nicht darüber reden, wo er war und was er mit wem gemacht hat?"

Khaled dachte dunkel daran zurück, dass er seinen Bruder noch im Halbschlaf an den Wecker für den nächsten Morgen erinnert hatte. Ferhad wirkte dabei irgendwie abwesend und konnte nicht aufhören zu lächeln.

„Ich werde sie gleich mal fragen."

Die anderen beobachteten, wie Khaled wenige Augenblicke später an Sophies Bank trat und ein paar Sätze mit der jungen Frau wechselte. Nach ihrem bedauernden Kopfschütteln kehrte er mit hängenden Schultern zu seinen Mitbewohnern zurück.

„Heute Morgen ist er noch mit uns runtergelaufen", erinnerte sich Yassir. „Nach hinten zum Dorf."

„Ich war mit ihm zusammen", sagte Khaled. „Irgendwann wollte er rein auf die Toilette. Dann habe ich ihn nicht mehr gesehen."

Schweigend starrten die Männer auf den sandigen Boden. Nur Ferhads Kanarienvogel piepte aufgeregt in seinem Käfig.

„Was ist da passiert?", erkundigte sich der meist schweigsame Amir unvermittelt. „Was ist explodiert?"

„Der Ofen“, informierte ihn Yassir, der vorhin beim Aufstellen der Bänke den Gärtner Walter gefragt hatte.

„Unser Ofen?“ Amir guckte ungläubig. In der vergangenen Woche war es die Aufgabe der fünf Männer gewesen, das Feuer anzumachen, um im Ofen Pizza, Kuchen oder andere Leckereien zu backen. Außerdem wurde die dabei entstandene Glut von der Schmiede benötigt.

„Genau der!“ Yassir unterstrich seine Antwort mit einer ausholenden Handbewegung.

„Aber warum?“, fragte Amir nach. „Warum müssen wir raus?“

„Das weiß ich auch nicht. Die haben wohl Angst, dass im Haus auch etwas explodieren könnte.“

„Wir sind doch in Deutschland. In Sicherheit. Da passiert sowas nicht!“ Amir wirkte wie ein trotziges europäisches Kind, dem gerade eröffnet worden war, dass es den Weihnachtsmann nicht gab.

„Schlechte Menschen gibt es überall.“

„Vielleicht auch schlechte Technik!“

Abermals schweigend beobachteten die Vier den ihnen unbekannten Mann im hellen Mantel, der wie ein großer Vogel von Bank zu Bank schritt und sich mit den Leuten unterhielt. Ohne dabei die Miene hinter seinen kleinen runden Brillengläsern zu verziehen, schrieb er von Zeit zu Zeit etwas in ein schwarzes Notizbuch.

„Ist das ein Polizist?“, fragte Yassir und deutete verstohlen auf den Trenchcoatträger.

„Ein Kommissar, das ist ein Kommissar!“, wusste Hasan, der vorhin die Begrüßung mit dem Pastor mitbekommen hatte.

„Gibt es in Deutschland eine Geheimpolizei?“ Khaled beobachtete Yassirs Sorgenfalten. Seitdem er einmal in Damaskus von einem der vielen Geheimdienste mehrere

Tage lang verhört und daraufhin für sechs Monate in ein furchtbares Gefängnis gesteckt worden war, hatte er nur noch wenig Vertrauen in offizielle Stellen.

„So einen Geheimdienst wie bei uns gibt es hier nicht. Hier werden die Gesetze befolgt …“, versuchte ihn Khaled zu beruhigen. „… glaube ich …“

„Ich weiß, aber …“

Khaled wusste, dass die Polizei in Deutschland anders war - manchmal sogar zu schwach in seinen Augen. Da griff die Obrigkeit in Syrien schneller durch. Hier wurden zunächst die Personalien aufgenommen, alle Beteiligten ermahnt und verwarnt. Bei so manch gewalttätiger Auseinandersetzung im Baumarkt hatte ihn des Öfteren gewundert, dass die größten Schläger schnell wieder in ihr Lager zurückkehrten und nicht im Gefängnis bleiben mussten. Teilweise wurden sie in eine andere Unterkunft verlegt, oder es durften bisweilen sogar die unschuldigen Opfer ihre Taschen packen.

Khaled blickte in den Himmel. Wieder flog der Falke über sie hinweg. Sofort hatte er den Vogel erkannt, der stolz auf den Kirchturm zusegelte, wo seine Familie auf ihn zu warten schien. Sehnsüchtig dachte er an die unbeschwerten Sommertage bei Onkel Monif in Rubaya. Ob es ihnen gut ging? Von dem Teil der Familie hatten sie schon sehr lange nichts mehr gehört. Vielleicht hatten sie in eines der Emirate fliehen können. Zu den größten Abnehmern ihrer Falken. Seufzend schloss Khaled die Augen. Warum war sein kleiner Bruder verschwunden? Wohin konnte er gegangen sein? Was sollte er nur seinen Eltern sagen, wenn sie ihn bei ihren regelmäßigen Gesprächen über Skype nach ihm fragten? Er war doch für ihn verantwortlich.

*

„Laut Ihrer Aussage waren die syrischen Dachbewohner die ganze Woche über für das Anzünden des Feuers zuständig?“ Kommissar Spannich rückte sich die Brille zurecht und hielt seinen Kugelschreiber bereit.

„Jeden Morgen ham se dat Feuer anmokt“, bestätigte der ältere Mann. Sein überdimensionierter Schlapphut wippte beim Sprechen.

„Gestern wollte einer der Araber sogar noch früher aufstehen“, ergänzte ein Jugendlicher mit pickligem Gesicht. Sein Hut lag neben ihm. „Das hatte Gerd extra nochmal lobend erwähnt.“

„Stimmt! Jetzt wo du’s sachst.“ Der Ältere nickte zustimmend. „Dat fiel richtich auf. Wo die sich doch die ganze Woche inne Plünnen hatten!“

„Wer hatte sich in … ähm … wer hatte Streit miteinander?“, hakte der Kommissar nach.

„Gerd und dieser Fahrrad …“

„Ferhad heißt der!“, verbesserte ihn der Jüngere.

„Dann eben so. Die zwei waren keine Freunde, dat is wohl richtich“, sagte der andere.

„Wissen Sie, worum es bei dem Streit ging?“, erkundigte sich der Kommissar mit gezücktem Stift.

„Och.“

„Tja.“

„Gerd hat manchmal ’ne bannig große Klappe und haut Dinger raus, ohne nachzudenken …“

„Was für Dinger?“

„Ferhad musste sich wohl die ganze Woche die unterschiedlichsten Spitznamen anhören“, ergänzte der Jüngere.

„Als da wären?“

„Araber, Prophet … Kameltreiber bis zu … na ja …“

„Bis zu was?“ Der Kommissar sah den beiden tief in die Augen.

„Schläfer …“

„Bombenleger …“

„Terrorist!“

Schweigend scharrten die beiden Männer mit ihren Füßen im Sand vor sich hin. Ohne eine erkennbare Gefühlsregung protokollierte Spannich die letzten Aussagen in seinem Notizbuch.

Der Picklige räusperte sich. „Na ja, dann muss man ja nicht automatisch dazu werden …“

„Die ham irgendwie schon ’ne andere Mentalität als wie wir …“, stammelte der ältere Hutträger.

„Das wär’s für’s Erste, meine Herren“, entgegnete der Kommissar kommentarlos. „Danke für Ihre Ausführungen. Jetzt bräuchte ich noch die Personalien.“

*

„Guten Tag, meine Name ist Kommissar Spannich. Ich hätte ein paar Fragen an Sie.“ Zusammen mit dem sehr blassen Pastor war der Ermittler an die Bank der Syrer herangetreten. Ängstlich blickten die vier Männer von dem streng blickenden Polizisten zu ihrem besorgten Gastgeber, der ihnen aufmunternd zunickte.

„Sie sprechen Deutsch?“, erkundigte sich der Mann im Trenchcoat.

Yassir antwortete für alle: „Wenn Sie uns auf die Zähne fühlen, können Sie bitte sprechen langsam? Unser Deutsch ist noch nicht so gut.“

Spannich nickte und zückte wieder sein Notizbuch. Anfangs stellte er viele Fragen zu Dauer und Grund ihres Aufenthalts im Gemeindehaus, bis er auf den konkreten Anlass zu sprechen kam.

„Wann haben Sie die Explosion bemerkt?“

„Wir schlafen oben, dann Knall, Bumm. Wir haben erschreckt“, antwortete Hasan aufgeregt.

„Was haben Sie dann gemacht?“

„Schnell gucken und runter nach Garten.“

„Sie alle?“

„Alle fünf“, bestätigte Hasan eifrig.

Khaled rollte daraufhin innerlich die Augen. Manchmal war Hasan wirklich keine große Hilfe.

Der Kommissar sah von einem zum anderen und stutzte.

„Und wo ist Ihr fünfter Mann jetzt?“

Während Khaled noch fieberhaft überlegte, wie er dem strengen Kommissar die Abwesenheit seines Bruders erklären sollte, fand die Befragung ein jähes Ende. Mehrere Knallgeräusche drangen in einem dicht aufeinander folgenden Stakkato von der anderen Straßenseite zu ihnen herüber. Alle Friedhofsbesucher schnellten von ihren Bänken hoch und reckten die Hälse. Einige liefen sofort zur Straße und sahen gebannt zu den gegenüberliegenden Gebäuden. Kommissar Spannich stellte sich dazu und verfolgte aufmerksam seine beiden Kollegen vom Sprengstoff, die in ihren martialisch wirkenden Spezialanzügen blitzschnell aus dem Gemeindehaus stürzten. Zusammen mit dem Suchhund stürmten die Männer zur Quelle des Lärms - zum Nachbargrundstück neben dem Kindergarten. Die Beobachter hielten den Atem an. Keiner sprach ein Wort, bis die beiden Experten nur wenige Augenblicke später entspannt grinsend wieder aus der Einfahrt schlenderten. Jeder von ihnen trug einen kleinen, blonden Jungen auf dem Arm. Die Menge atmete spürbar auf.

Zusammen mit dem Pastor überquerte Kommissar Spannich die kopfsteingepflasterte Straße.

„Was ist dort vorgefallen?“, erkundigte er sich bei seinem Kollegen Krupp, dem das Piratentuch beim Laufen ins

Gesicht gerutscht war.

„Melden gehorsamst, wir haben die Täter auf frischer Tat ertappt“, entgegnete er mit gespielt ernster Miene.

Die Jungs blickten ängstlich auf die Polizisten, die sie kurz darauf auf dem Boden absetzten. Der Größere der beiden konnte seine Tränen kaum noch zurückhalten.

Der Pastor sah von einem zum anderen. „Na, ihr Zwei, was haben wir denn diesmal ausgefressen?“

Mit gesenkten Köpfen bissen sich die Kinder auf die Lippen.

„Die Herrschaften wollten wohl eine ähnliche Explosion wie die von heute Morgen veranstalten. Nur … mit handelsüblichen Piepmanschern ist das leider ein aussichtsloses Unterfangen“, erklärte einer der Sprengstoffexperten.

„Nun sagt mal: Was habt ihr euch denn dabei gedacht, uns nach dem Knall von vorhin so einen Schrecken einzujagen?“ Pastor Warmeling ging in die Hocke und sah den beiden tief in die Augen. „Wo ist Mama denn?“

„Einkaufen“, stammelte der Kleinere.

„Lange?“

„Nö, nur eben zu Niko.“

„Wo habt ihr den Knallkram denn her?“

Die Kleinen drucksten herum. „Da war so ’ne Kiste.“ Sie deuteten rüber zum Gemeindehaus.

„Was für eine Kiste?“

„Beim Mülleimer.“

„Ihr habt den Knallkram beim Müll gefunden?“ Der Pastor runzelte die Stirn.

Mittlerweile war Elisabeth Wohlwill an seiner Seite eingetroffen. Missbilligend schüttelte sie den perfekt frisierten Kopf. „Das sind mir ja die Richtigen!“, raunte die Gemeindesekretärin ihrem Chef zu. „Die beiden Lausebengel heißen ja nicht umsonst nur noch Nitro und Glycerin. Wenn die

Jungs was zusammen aushecken, dann knallt's."

*

Nachdem sich die Aufregung um die erneuten Explosionen gelegt hatte, setzte sich Sophie wieder auf ihren Platz etwas abseits unter der großen Kastanie. Nervös spielte sie mit einer blonden Strähne, die sich aus ihrer aufwendigen Hochsteckfrisur gelöst hatte. Ihr weißes Kleid hatte durch das aufgeregte Hin- und Hergerenne ein paar Flecken abbekommen. Besonders hübsch hatte sie heute sein wollen. Für die Hochzeit! Die Spielleiter hatten Ferhad, der in der ganzen Woche Gerd in der Schmiede zur Hand gehen musste, extra für das Abschlussfest eine ganz neue Rolle zugedacht: Friedrich von Clausewitz, den Abgesandten des Fürstentums von Brandenburg hatte er spielen sollen. Ihren Bräutigam. An diesem letzten Tag des historischen Spiels hätte er sich mit ihr, der Comtesse von Sachsen, vermählt. Sie hatte sich so darauf gefreut! Doch wo war Ferhad nur? Traurig starrte sie in den Himmel. Und wenn sich ihr neuer Freund bei dem tragischen Unglück ebenfalls verletzt hatte? In den letzten Tagen war er immer an ihrer Seite gewesen. Hatte ihr fast jeden Wunsch von den Augen abgelesen. Er war so süß. Ganz anders als die Jungs, mit denen sie sich bisher getroffen hatte. Oder als ihr Exfreund. Sie liebte seine oftmals etwas schwülstigen, aber auch lustigen Komplimente. Immer ließ er ihr den Vortritt und hielt alle Türen für sie auf. Im Deutschunterricht, den sie an zwei Vormittagen in der Woche gab, mussten die Lehrerinnen nie die Tafel wischen. Alle Schüler überboten sich darin, es ihnen abzunehmen. Mit einem Seufzen dachte sie an den Moment zurück, als Ferhad erfahren hatte, dass sie zusammen das Hochzeitspaar darstellen sollten. Seinen seligen Gesichtsausdruck hätte sie am liebsten für immer festgehalten. Verstohlen blickte Sophie zum Kirchturm hinüber. Wiederholt wanderten ihre Gedanken zum vergangenen Abend und ein Lächeln huschte über ihr Gesicht. Am Fuß des Turms - gleich bei den hohen Gedenksteinen - hatten sie sich spontan verabredet, um ihre Hochzeitsszene schon einmal vorab zu besprechen. Viel geredet wurde an dem Abend jedoch nicht. Kaum hatten sie sich auf der Bank niedergelassen und wenige Sätze gewechselt, konnte sie sich nicht mehr zurückhalten. Die laue Abendluft zwischen ihnen war aufgeladen wie unzählige Hochspannungsmasten. Sie musste ihn einfach küssen! Seit ihrer ersten Deutschstunde im Schulungsraum des Gemeindehauses hatte sie sich ausgemalt, wie es sich anfühlen musste, seine vollen Lippen auf ihren zu spüren. Durch seine weichen Haare zu streichen. Anfangs wirkte er ziemlich überrumpelt von ihrem beherzten Vorgehen, aber das legte sich schnell. Ein Blick in seine Augen reichte, um seinen Seelenzustand richtig zu deuten. Am liebsten wäre sie die ganze Nacht auf dem Friedhof geblieben. In Ferhads Armen.

„Na, min Seuten, wat träumst denn vor dich hin?"

„Hallo Erne!", begrüßte Sophie ihre ältere Deutschkurskollegin, die sich leise vor die Bank gestellt hatte. „Hast du schon gehört, was passiert ist?"

„So'n Knall hab ich wohl gehört, inne Früh."

Ausführlich berichtete Sophie von den Ereignissen des Vormittags. „Ferhad ist seitdem verschwunden", ergänzte sie mit besorgtem Gesichtsausdruck.

„Wie … verschwunden?" Erschrocken setzte sich Erne zu ihr auf die Bank.

„Na, weg. Keiner weiß, wo er ist!" Dicke Tränen kullerten über ihre Wangen.

„Wat sacht denn sein Bruder?", fragte die Hausdame des

Vierländer Hofs, während sie ein Taschentuch aus ihrer Tasche hervorholte.

„Er weiß es auch nicht. Die anderen Syrer sind absolut ratlos."

„So 'n Schiet aber auch." Erne dachte nach. „Meinst denn … dat er mit der … Sache wat zu tun haben könnte?"

Sophie blickte Erne an, als hätte sie gefragt, ob ihre Mutter eine weltweit gesuchte Terroristin sei.

„Nein … natürlich nicht! Du kennst ihn doch! Ferhad ist der liebste Mensch. Der könnte keiner Fliege was zuleide tun!"

Die lebenserfahrene Erne seufzte in sich hinein. Das arme Mädchen hatte sich ernsthaft in den zugegebenermaßen sehr schnieken jungen Mann aus dem Orient verknallt. Auch ohne die jetzigen Umstände war eine derartige Verbindung sicherlich nicht einfach. Der arme Kerl hatte mit seinen jungen Jahren ganz schön was durchgemacht und war durch seine Kultur anders geprägt als eine selbstbewusste Hamburgerin. Aber sie behielt ihre Gedanken zunächst einmal für sich.

„Nu man sachte, min Deern. Dein Ferhad wird schon wieder auftauchen." Erne sah zu den anderen herüber. Etwas weiter hinten bemerkte sie Kommissar Spannich im Gespräch mit der Gemeindesekretärin. Warum musste sie bei seinem Anblick eigentlich immer an Störche denken? „Außerdem hab ich schon 'ne bannig gute Idee, wer uns bei der Suche hilft."

10

Im Vierländer Hof

„Meine liebe Frau …“

„Ich bin nicht deine Frau!“

Energisch stürmte Karlo auf die Fensterfront des Apartments zu, wo Gianna auf einer Leiter thronte und mit einem Wust an Stoff hantierte. „Das mag sein.“ Musste sie ihn immer wieder an den noch nicht erfolgten Antrag erinnern? „Aber du trägst trotzdem mein Kind in deinem wunderschönen Bauch!“

„*E allora*?“

„*Allora*? Also, damit dieses garantiert ebenso wunderschöne Kind sicher auf die Welt kommt, möchte ich, dass du sofort von dieser Leiter runtersteigst!“ Erwartungsvoll streckte er die Arme nach ihr aus.

„*Amore*, ich bin gleich fertig.“ Ungerührt fädelte sie die Metallstange durch den cremefarbenen Stoff. „Es fehlen nur noch drei Schlaufen und der Vorhang ist wieder dran. *Ecco*.“ Zufrieden betrachtete sie ihr Werk und lächelte in Karlos besorgtes Gesicht. Der wartete nicht lange, bis seine Freundin zu ihm herunterstieg, sondern zog sie umgehend von der Leiter in seine Arme.

„*Attenzione*! Ich bin so schwer wie eine Tonne.“

„Wie zwei …“, er küsste sie leidenschaftlich, „… besonders reizvolle Tonnen.“

Nach einem nicht endenwollenden Kuss öffnete Karlo für einen kurzen Moment die Augen und sah durch das Fenster, wie seine Hausdame Erne aufgeregt auf die Eingangstür des Vierländer Hofs zustürmte.

Bevor Gianna ihn auf das frisch gemachte Hotelbett ziehen konnte, hielt er inne: „Ich befürchte, das müssen wir auf später verschieben."

„Aber warum?" Ihre Lippen verzogen sich zu einem Schmollmund. „Bin ich doch keine so hübsche Tonne mehr?"

„Die schönste, die ich kenne!" Er seufzte mit einem bedauernden Blick auf das einladende Bett. „Erne ist gerade unten eingetroffen. Sie wirkt äußerst mitteilungsbedürftig."

*

„Wat 'n Kladderadatsch! Du ahnst es nich! Am letzten Tach vom Spiel. Heut sollt doch dat große Fest sein! 'N fröhliches Fest! Nu is Gerd im Krankenhaus! In LEBENSGEFAHR!" Fassungslos starrte Erne auf ihre schlanken Finger. Gianna legte ihr beruhigend eine Hand auf den Arm. Der erwünschte Effekt ließ noch auf sich warten. Aufgeregt setzte die Hausdame des Vierländer Hofs ihren Bericht fort: „Einer der Syrer is nu auch noch wech! Der lütte Ferhad! Dat is so'n Seuten! Sein Piepmatz is wohl noch da. Der arme Kino!"

„Ich dachte, der heißt Ferhad?", fragte Karlo irritiert.

Erne überging seine Frage und seufzte, bevor sie fortfuhr: „Die vier Annern und vor allem sein Bruder machen sich bannig Sorgen! Der liebe Herr Spannich is auch wieder mit vonne Partie."

Sowohl Erne als auch Gianna verdrehten die Augen. Karlo wusste, wie seine Angestellte zu dem allzu penibel ermittelnden Kommissar stand. Seit der ihr vor einiger Zeit ein Verhältnis mit einem tot aufgefunden italienischen Hotelgast unterstellt hatte, stand Herr Spannich in ihrer Achtung auf derselben Stufe wie Silberfische und Nacktschnecken. Gianna hatte den Kriminalbeamten ebenfalls in keiner besonders positiven Erinnerung behalten. Immerhin hielt sie ihm zugute, dass er Karlo bereits zweimal in äußerst brenzligen Situationen aus einem Schuppen befreien konnte.

„Bestimmt hat dieser Klookschieter unsere Schüler auf'm Kieker! Die Jungs tun mir jetzt schon leid." Erne schüttelte bedauernd den Kopf.

Karlo seufzte. „Das hört sich alles nicht gut an."

„*Una tragedia*!", pflichtete Gianna ihm bei.

„Chef?" Erne sah Karlo fest in die Augen. Dieser Blick kam ihm bekannt vor.

„Ja?" Ihm schwante Unheilvolles.

„Kannst nich …?"

„Was kann ich?" Mit der unschuldigen Miene eines Erstklässlers sah er zurück. Wenigstens hatte Erne endlich akzeptiert, dass sich im Vierländer Hof wie in den Vier- und Marschlanden üblich alle duzten. Vor allem auf Giannas Bitte hin war Erne irgendwann endlich dazu übergegangen ihren Chef mit dem vertraulichen Du anzusprechen.

„Kannst nich den Syrer suchen? Dat ist so'n plietschen, netten Kerl!"

Karlo holte tief Luft. Mit einem kurzen Seitenblick auf Gianna entgegnete er: „Liebe Erne, mein persönlicher Bedarf an Vermissten- und Ganovenjagd ist seit dem letzten Mal mehr als gedeckt!"

„Wer sacht denn hier, dat Ferhad 'n Ganove is?", widersprach Erne vehement.

„Keiner! Aber er wird vermisst." Karlo atmete einmal tief durch. „Nach einer italienischen Wasserleiche, den Knochen eines deutschen Wehrmachtspiloten und einem stark verwesten polnischen Landarbeiter verspüre ich keine große Lust, auch noch einen wie auch immer verunstalteten syrischen Flüchtling zu finden!"

„Pawel konnte gerettet werden!“

„Zufall!“

Erne hielt einen Moment inne. Sie schien innerlich bis zehn zu zählen und fuhr dann mit bedächtiger Stimme fort: „Lieber Karlo, ich kann da nix zu - aber mein Gefühl sacht mir, dat Ferhad sich ganz inne Nähe versteckt hat. Lebendig.“

„Wie stellst du dir das eigentlich vor, liebe Erne? Soll ich in Zukunft mein Hotel zumachen und ein Detektivbüro eröffnen? Oder vielleicht die Vierländer Version von *Bitte, melde dich!* einem TV-Sender anbieten?“ Spöttisch lachte er auf. „In wenigen Wochen werde ich Vater. Ich kann es Gianna wirklich nicht zumuten, daß ihr Mann sich in Gefahr begibt. Schließlich werde ich Verantwortung tragen!“

Flehentlich sah Erne zu Gianna hinüber.

„Es muss ja nicht gleich wieder so gefährlich werden wie die letzten Male!“, begann Gianna vorsichtig. „Wahrscheinlich muss man sich nur ein wenig umhören.“

„Jetzt fällst du mir auch noch in den Rücken!“

„*Amore* ...“ Die Italienerin blickte den Vater des im Moment in ihrem Bauch stark zappelnden Kindes aufmunternd an. „Du sollst dich nicht wie James Bond aus einem fahrenden Zug werfen oder eine Bombe entschärfen, sondern lediglich einen verängstigten jungen Mann finden.“

Aufmerksam schaute er von einer zur anderen und erkannte dabei ehrliche Besorgnis in ihren Augen. „Ihr Frauen seid euch also wieder mal einig.“ Karlo verschränkte die Arme und lehnte sich zurück. „Na gut, wo hat sich der Gute denn zuletzt aufgehalten und was war das überhaupt für eine Explosion?“

11

Im Turm

Meine Güte, dröhnten diese Glocken laut! Immer um acht Uhr in der Früh und wie jetzt um elf läuteten zwei der drei monströsen Klangkörper, die direkt neben seinem Notlager hingen. Drei Minuten lang. So viel hatte er in den letzten Wochen schon mitbekommen - vor allem wenn er Walter auf dem Friedhof helfen durfte. Auf die Arbeit an der frischen Luft hatte er oft mehr Lust, als für Hasan in der Küche Gemüse zu putzen. Zusammengekauert hockte Ferhad auf seiner Decke und hielt sich, so gut es ging, die Ohren zu. Er traute sich nicht, die steile Treppe hinunterzusteigen. Als es seine volle Blase in der letzten Nacht nicht mehr ausgehalten hatte, war er schließlich doch zum ersten Mal hinausgegangen, um die Toilette auf der anderen Kirchenseite aufzusuchen und Wasser am Waschbecken zu trinken. Tagsüber wollte er zur Sicherheit besser hier oben bleiben.

Der monotone Klang bedeutete für ihn nichts Neues. Bis zum Krieg hatten die Anhänger vieler verschiedener Religionen in Syrien größtenteils friedlich nebeneinander gelebt. In seiner Heimatstadt Aleppo standen christliche Kirchen direkt neben Moscheen. Schon dort hatte er sich des Öfteren die Frage gestellt, warum die Glocken so vehement zum Gebet einluden. Andererseits wurde mit derselben Absicht fünfmal am Tag von den vielen Minaretten gerufen.

Als endlich wieder Ruhe eingekehrt war, griff er zu seinen Keksen und vertrat sich auf den wenigen Quadratmetern die steifen Beine. Auf Zehenspitzen linste er durch die Luftschlitze auf die Rasenflächen neben der Kirche. Mehrere verwitterte Steinkreuze standen auf der linken Seite des Kirchgartens. Vor der langen Hecke, die an die Straße grenzte, zählte er sechzehn Exemplare. In einer gegenüberliegenden Reihe waren es noch einmal achtzehn Kreuze. Ganz hinten konnte er sechs Steine erkennen. Walter hatte ihm erklärt, dass darunter vor allem Tote lagen, die während des letzten Krieges hier gestorben waren und nicht zur Gemeinde gehörten. Ihm entfuhr ein tiefes Seufzen. Wie lange würde er sich noch hier oben verstecken müssen? Er war doch nach Deutschland gekommen, um in Sicherheit zu leben! Wann würden sie da unten endlich herausgefunden haben, dass er mit der schrecklichen Explosion nichts zu tun hatte? Leider hatte er sich noch überhaupt keine Gedanken darüber gemacht, wie er dies hier oben erfahren sollte.

Sein Blick wanderte zur Straße und zu den Häusern auf der anderen Seite. In dem rotgeklinkerten Haus dort drüben wohnte Sophie zusammen mit ihren Eltern. Leider war der gut einsehbare Wintergarten leer. Wann würden sie sich wiedersehen? Zu gern würde er ihr ein Zeichen geben, damit sie wusste, wo er war. Er wollte sie noch einmal im Arm halten! Den Ort ihres ersten Kusses konnte er von hier aus ebenfalls sehen. Sie hatte ihn damit ziemlich überrumpelt. Das kannte er nicht. Zu Hause war es nicht üblich, dass ein Mädchen die Initiative ergriff. Er erinnerte sich an seinen ersten Kuss. Mit Alia. Damals im Wald außerhalb von Aleppo. Für junge Paare war es sehr schwierig in Syrien. Man küsste sich dort nicht vor allen Leuten. Der Krieg hatte es nicht leichter gemacht. Alia war mit ihrer Familie nach Saudi-Arabien geflüchtet. Sie hatten bald den Kontakt abgebrochen. Er verdrängte die Gedanken. Zurück zur Gegenwart. Der Kuss mit Sophie hatte ihm gefallen. Sehr gefallen. So sehr, dass er sich an dem Abend gar nicht mehr von ihr trennen wollte. Sie schmeckte nach Frühling. Nach Freude. Sorglosigkeit. In

Syrien hatte er nur noch Waffen, Staub, Blut und Tränen gerochen. Sophie duftete wie der blühende Jasmin im Mai. Mit ihr konnte er endlich wieder fröhlich sein. Alles vergessen. Alles hinter sich lassen. Nur für den Moment leben.

12

Im Gemeindehaus

Wie an jedem Wochentag um zehn Uhr zog ausnahmsweise auch an diesem Samstagmorgen - wenn auch mit einer Stunde Verspätung - Kaffeeduft durch das Gemeindehaus von Neuengamme. Karlo und Erne schritten an einer über dem Eingang zum Jugendkeller hängenden aber nicht mehr funktionstüchtigen Ampel vorbei und stiegen wenige Stufen in den gemütlichen Gemeinschaftsraum hinab.

„Moin!", wurden sie vom Friedhofsgärtner Walter Lange begrüßt.

„Moin Walter", grüßte Erne freundlich zurück. Sie mochte den bodenständigen, langjährigen Gemeindemitarbeiter, der wie sie selbst immer ein großes Herz für Menschen in Not hatte.

„Moin zusammen!" Karlo hob kurz die Hand zum Gruß.

„Na, Erne, ist heute schon wieder Kurs?", erkundigte sich Pastor Traugott Warmeling zerstreut. Ihm waren die Aufregungen des gestrigen Tages deutlich anzusehen. Seine Sekretärin saß ebenfalls mit am Tisch. Trotz ihres gewohnt perfekten Äußeren wirkte auch sie mitgenommen.

„Nee, Traugott. Darum sind wir nich hier", entgegnete Erne kopfschüttelnd. „Was habt ihr denn hier am Sonnabend zu bekakeln?"

„Setzt euch doch", lud Elisabeth die beiden Gäste ein. „Wir reden gerade über gestern."

„Gibt's schon was Neues?", fragte Erne, während sie kurz darauf in ihrer dampfenden Tasse rührte. „Wie geiht's Gerd?"

Pastor Warmeling seufzte. „Der liegt immer noch im Koma. Sein Bruder ist bei ihm.“

„Der arme Kerl“, bekundete Erne mitfühlend.

„Schlimm ist das. Ganz schlimm!“ Elisabeth Wohlwill schüttelte ungläubig den Kopf.

„Weiß die Polizei denn schon Näheres?“, erkundigte sich Karlo.

„Die untersuchen wohl grad die Reste vonne Explosion im Labor“, informierte ihn der Gärtner.

„Und die Kiste mit den Böllern von den Bengeln“, ergänzte Elisabeth mit einem erneuten missbilligenden Kopfschütteln.

„Nitro und Glycerin ham schon ihr eigenes Gefühl fürs richtige Timing, dat muss man ihnen lassen!“, bekundete Walter schief grinsend.

„Du tust ja fast so, als wär das alles ein harmloser Dummjungenstreich, Walter!“, wies Elisabeth ihren Kollegen zurecht. „Einen Riesenschrecken haben die uns eingejagt, diese Brieten!“ Verständnislos schüttelte sie immer wieder den akkurat frisierten Kopf. „Die Mutter kann solche Lausejungs doch nicht einfach alleine lassen. Um einkaufen zu gehen! Die sind ja gemeingefährlich.“

„Die Zwei sind schwerer zu hüten als ein Sack Flöhe, da geb ich dir recht, liebe Elisabeth“, versuchte Walter die Wogen zu glätten. „Wenn ich da an die Birke beim Spielplatz denke. In fünf Minuten hatten die die Rinde ab. Und als sie einmal in meiner Werkstatt die Säge …“

„Eins ist schon komisch …“, unterbrach der Pastor den Redefluss seines Gärtners, „… die ganze Woche über wird das Feuer von unseren syrischen Gästen angefacht. Jeden Morgen sind die Herren pünktlich wie die deutsche Bundesbahn. Aber ausgerechnet gestern verschlafen sie alle miteinander!“

„Es könnte also reiner Zufall gewesen sein?“, fragte Karlo und runzelte die Stirn.

„Was?“, entgegneten alle wie aus einem Munde.

„Na, dass es Gerd erwischt hat?“, setzte Karlo nach.

„Keine Ahnung!“ Der Pastor zuckte ratlos mit den Schultern.

„Also bei der Teamerbesprechung am Donnerstagnachmittag hat Gerd besonders lobend erwähnt, dat Ferhad am Freitag schon um sechs Uhr in der Früh den Ofen anzünden wollte.“

„Stimmt, Walter“, pflichtete Elisabeth ihm bei. „Das habe ich auch gehört. Ein paar sollen sogar geklatscht haben.“

„Der Lütte ist danach um mindestens zehn Zentimeter gewachsen“, erinnerte sich der Gärtner gerührt. „Auch wenn Gerd ihn dann mal wieder als Bombenleger bezeichnet hat.“

„Als Bombenleger?“, hakte Karlo abermals stirnrunzelnd nach.

„Im Scherz!“ Walter hob beschwichtigend die Hände. „Gerd hatte immer ’ne Menge Spitznamen parat. Für jeden. Seit seine Frau tot ist, rettet er sich in Sarkasmus.“

Karlo dachte kurz nach und wandte sich an den müden Hausherrn: „Was hat die Polizei denn bis jetzt ermittelt?“

„Die haben alle Beteiligten befragt und untersuchen im Moment wohl die Brandstelle. Wie Walter schon sagte, liegt ihr Augenmerk nun auf den Sprengstoffrückständen.“

„Das heißt, die haben eindeutig Sprengstoff gefunden?“ Karlo war erstaunt.

„Die Untersuchungen laufen noch, aber es geht wohl in die Richtung“, bestätigte der Pastor.

„Sprengstoff … du ahnst es nich!“ Ernes Augen weiteten sich vor Entsetzen.

„Es wird immer schlimmer, das kann ich euch sagen. Bald ist man sich nirgends mehr sicher!“ Elisabeths

Kopfschütteln nahm bedenkliche Ausmaße an.

Karlo trank einen tiefen Schluck und stellte seine Tasse vor sich auf den Tisch. „Meiner Ansicht nach gibt es hier mehrere Möglichkeiten: Entweder jemand wollte Gerd Meyer etwas Böses. Oder jemand wollte dem Syrer Ferhad etwas Böses. Oder jemand wollte grundsätzlich das Spiel sabotieren."

„Was sollte man denn Gerd Böses wollen?", fragte Walter laut. „Seine Sprüche nerven schon, aber ihn deswegen gleich in die Luft jagen?"

„Und wie sieht's mit dem Syrer aus?"

„Tja ...", sagte der Gärtner zögerlich.

„Hm ...", machte die Sekretärin.

„Soweit ich weiß, kam er mit allen gut klar", berichtete der Pastor.

„Vor allem mit Sophie, hab ich gehört." Walter zwinkerte mit einem Auge.

„Hast'n Problem damit?", fragte Erne mit ebenfalls eng zusammengekniffenen Augen nach. „So 'n seuten Kerl!"

„Kein Stück! Der lütte Ferhad is schwer in Ordnung. War echt ne bannig gute Hilfe. Aber wir bekakeln doch grad, ob es Gründe gibt, ihn nich so doll zu finden."

„Wie sieht's denn sonst mit der Akzeptanz der Gäste hier aus?", fragte Karlo.

„Na ja ... es hat schon ein paar Gegenstimmen gegeben." Der Pastor kratzte sich am Kopf. „Aber deswegen muss man sie ja nicht gleich ..."

Abermals legte sich ein unangenehmes Schweigen über den Raum.

„Was sagen denn die anderen Syrer?", sprach Karlo in die Stille hinein.

„Sie können sich sein Verschwinden auch nicht erklären." Pastor Warmeling wirkte ratlos.

„Wo sind sie denn jetzt?“

„Wo schon? In der Küche.“ Elisabeth deutete in Richtung Ausgang.

*

Bereits in der Diele stieg Karlo und Erne ein angenehmer Duft nach frischen Kräutern in die Nase. Eine Mischung aus Koriander, Minze, Thymian mit einem Hauch Petersilie. Erne übertrat als Erste die Türschwelle zur hellen Küche des Gemeindehauses von Neuengamme. Vier Männer waren hier eifrig damit beschäftigt, große Mengen an Tomaten, Gurken, Auberginen, Okraschoten, Knoblauch, Zwiebeln und Paprika kleinzuschneiden.

„Hallo Jungs!“, begrüßte Erne ihre Schüler.

„Guten Tag, Frau Erne!“, schallte es verhalten fröhlich aus drei Kehlen. Ein Stummgebliebener mit kurzgeschorener Halbglatze nickte seiner Lehrerin schüchtern zu.

„Das is mein Chef, Herr Karl Kolberg.“

Karlo hob die Hand zum Gruß.

„Guten Tag, der Herr!“, grüßte ihn ein kleiner Mann mit einem freundlichen Lächeln. „Kommen Sie!“ Nachdem er sich schnell die Hände gewaschen und abgetrocknet hatte, reichte er Karlo seine Rechte. „Mein Name ist Hasan.“ Danach gab er dem Stummen ein paar Anweisungen. Dieser griff umgehend zu den Äpfeln, den Wurzeln und Bananen und bearbeitete alles mit geübten Handgriffen.

Karlo wunderte sich. Hasan war der Einzige, der seinem Bild eines Mannes aus dem Nahen Osten entsprach. Er war von kleiner Statur, hatte genauso dunkle Haare wie Augen und eine leicht gekrümmte Nase. Die anderen drei Männer hingegen hätten in seinen Augen auch Franzosen oder Norditaliener sein können. Ihre kurzgeschnittenen Haare waren braun bis mittelblond und sie hatten allesamt sehr helle Haut. Als er einem Mittzwanziger die Hand gab und dieser sich als Khaled vorstellte, trafen sich ihre Augen auf derselben Höhe.

„Du bist groß!“, entfuhr es Karlo unwillkürlich.

„Sie auch!“, stellte sein Gegenüber fest.

„Mensch Erne …“, Karlo drehte sich zu ihr um, „… habt ihr etwa schon den Unterschied von Siezen und Duzen behandelt?“

„Nominativ, Genitiv, Dativ und Akkusativ auch … und die Verwendung von Modalverben!“, antwortete ein anderer Syrer an Stelle seiner stolz lächelnden Lehrerin. Sein Vollbart schimmerte rötlich. Karlo schätzte ihn auf Anfang dreißig.

„Wir haben sehr gute Lehrer. Sie tragen uns auf den Händen!“ Sie begrüßten sich ebenfalls. „Mein Name ist Yassir.“

„Und mein Name ist Karlo. Ich bin beeindruckt!“ Er steckte seine Nase interessiert in die Töpfe. „Das duftet ja köstlich!“

„Wir haben ein neues Auftrag“, informierte ihn Hasan mit sichtlichem Stolz.

„Auftrag?“

„Wir machen eine Buffet für das Geburtstag von Prinz.“

„Was für ein Prinz?“ Karlo war irritiert. Auch in den Vierlanden war die Monarchie längst abgeschafft.

„Ist Chef von Amt.“

„Ach, der Herr Prinzling!“ Mit Widerwillen fiel Karlo der Name des mittlerweile zum Chef des Ortsamtes der Vier- und Marschlande aufgestiegenen Beamten wieder ein, der seinem Hotelvorhaben anfangs nicht unbedingt wohlwollend gegenüberstand.

„Kann man hier Buffets bestellen?“, erkundigte er sich

interessiert. „Vielleicht kommen wir ja mal ins Geschäft. Ich betreibe ein Hotel ganz in der Nähe."

„Warum nicht?" Hasan strahlte und entblößte dabei seine schiefen Zähne. Plötzlich schob ihm der schweigsame Vierte einen dekorativ angerichteten Teller mit Apfelschnitzen, Wurzelstreifen und Bananenstücken zu.

„Bitte, nehmen Sie!"

„Oh, das ist aber sehr freundlich!" Karlo griff zu ein paar Äpfeln.

Erne tat es ihm gleich. „An die frischen Obstteller ham wir uns schon richtig gewöhnt. Ihr begöscht uns, Hasan!"

„Sehr gerne, Erne." Hasan strahlte über das ganze Gesicht.

„Gutes Essen haut Leib und Seele zusammen", zitierte Yassir.

„Hält, Yassir, hält", verbesserte ihn Erne augenzwinkernd.

„Sind Sie nicht eigentlich zu fünft?", fragte Karlo kauend. Ihm entging nicht, dass die Männer verstohlene Blicke austauschten.

„Mein Bruder Ferhad ist weg", informierte ihn Khaled knapp.

„Wo ist er denn hin?"

„Er hat keine blasse Schimmer", sagte Yassir mit ernster Miene.

„Und sie haben keine Idee, wo er hingegangen sein könnte? Hat er vielleicht Freunde in der Nähe? Oder sogar eine Freundin?"

„Er ist mein kleiner Bruder", entgegnete Khaled ernst. „Er immer mir sagt Bescheid. Ich muss auf ihn passen."

„Wie auf seine Augapfel", ergänzte Yassir.

Der Vierte im Bunde beteiligte sich nach wie vor nicht am Gespräch. Still schnitt er Gurken in dünne Scheiben.

Karlo sah ihm über die Schulter.

„Verstehen Sie mich?“

Er nickte.

„Wann haben Sie Ferhad das letzte Mal gesehen?“

Achselzuckend schüttelte er den Kopf.

„Amir versteht ’ne Menge, aber er will nich schnacken. Steck’s nich drin“, erklärte Erne.

„Kommen Sie auch aus Syrien?“

Amir nickte. Aus seinen hellbraunen Augen sprach Traurigkeit.

„Seine Frau lebt mit den drei Kinners bei Verwandten in Algerien. Irgendwann will er sie holen“, wusste Erne zu berichten.

Karlo seufzte innerlich. Nicht annähernd konnte er nachempfinden, was es bedeuten musste, sein ganzes vertrautes Leben zurückzulassen. Nach einem kurzen Moment wandte er sich wieder den anderen zu: „Meinen Sie, dass sein Verschwinden etwas mit der Explosion zu tun hat?“

„Das macht Ferhad nie!“, verteidigte Khaled seinen Bruder vehement. Seine grünen Augen verengten sich dabei zu schmalen Schlitzen.

„Das meinte ich auch nicht.“ Beschwichtigend hob Karlo die Arme. „Kann es nicht aber sein, dass er Angst bekommen hat?“

„Wie Angst?“ Khaled guckte ungläubig. „Und dann einfach weglaufen?“

„Schließlich kommen Sie alle direkt aus einem Land, in dem Krieg herrscht. Vielleicht ist er durch den lauten Knall in Panik geraten?“

Die Männer dachten nach.

Khaled sprach als Erster wieder: „Ich sage nicht nein, aber es ist sehr …“, er zog sein Handy aus der hinteren Hosentasche und tippte eilig, „ … merk … würdig, dass er sofort weg. Nach Explosion wir waren alle zusammen draußen."

„Ihr Bruder auch?"

„Ja, aber er ist irgendwann reingegangen. Auf die Toilette."

„Und dann haben Sie ihn nicht mehr gesehen?"

„Wir haben ihn aus die Augen verloren", sagte Yassir.

„Gibt es sonst noch etwas, woran Sie sich erinnern können?"

Die nachdenkliche Stille wurde nur durch das rhythmische Schneiden der Gurkenscheiben gestört. Plötzlich schlug sich Khaled vor die Stirn und rief aus: „Ja! Da war ein Mann!"

„Ein Mann?", fragte Karlo verwundert.

„Ein Mann war oben. Plötzlich er stand in unsere Zimmer." Der Syrer machte eine kurze Pause, bevor er leise fortfuhr. „Ich kenne Mann."

„Sie kennen ihn? Woher? War er von hier?"

„Nicht hier. Baumarkt."

„Welcher Baumarkt?"

„Unser erste Lager. Mann hat dort gearbeitet."

Karlo wusste im Moment nicht, was er mit dieser Information anfangen sollte. „Und was hat er bei Ihnen oben gemacht?"

„Er hat mir gezeigt Revolver und ich soll leise sein." Demonstrativ führte Khaled seinen Zeigefinger zu den Lippen. „Dann ist ganz schnell die Treppe runtergelaufen."

„Und was haben Sie gemacht?"

„Nichts. Ich stehe nur. Ich habe Angst."

13

Auf dem Revier

Unten war mal wieder die Hölle los. Alle zehn Plätze im offenen Wartebereich der Polizeidienststelle Bergedorf waren an diesem Samstagmittag besetzt. Als Kommissar Dirk Spannich das Revier betrat, fiel ihm wieder einmal auf, dass jeder Besucher laut und deutlich mit anhören konnte, wie eine aufgeregte Lehrerin einen Vorfall körperlicher Gewalt schilderte, der sich am vergangenen Freitag an ihrer Schule zugetragen hatte. Die Namen der potenziellen Täter, der Opfer, der Klassen und beteiligten Lehrer schallten ungehindert durch die Wartezone und wurden von einem uniformierten Kollegen im ungelenken Zweifingersystem in den altersschwachen Computer getippt. Spannich hatte diese mangelnde Diskretion schon wiederholt bemängelt, doch leider konnte dem Dilemma architektonisch noch nicht abgeholfen werden.

Zum Glück waren an diesem Wochenende nur wenige Kollegen im Büro anwesend. Seine Büropartnerin Kerstin Kühlhorn befand sich mit ihrem Freund auf einem Ausflug und hatte erst morgen wieder Dienst. Spannich war froh, dass Kerstin mit ihm das Büro teilte, weil sie ähnlich ruhig und strukturiert ihrer Arbeit nachging wie er selbst. Nie ließ sie sich von irrationalen Emotionen ablenken wie manch andere Kollegen.

Mit der immer gleichen Routine stellte er seine Aktentasche neben dem Schreibtisch ab, setzte sich auf den schwarzen Drehstuhl, rückte die Nickelbrille auf der Nase zurecht und schaltete den Computer ein. Während dieser mit abwechselnd summenden und pfeifenden Tönen hochfuhr, schaute er kurz zur Seite. Der Blick aus seinem Fenster im ersten Stock offenbarte keine landschaftliche Idylle. Bergedorfs Stadtteil Lohbrügge mit seinem sozialen Wohnungsbau der Siebziger und Parkhauszweckbauten der Achtziger Jahre lag in seiner gänzlichen Nüchternheit vor ihm.

Ohne weiter über die gewohnte Umgebung nachzudenken, konzentrierte er sich auf den Computerbildschirm und öffnete die Datei *Explosion Neuengamme*, die im Moment noch aus vielen offenen Fragen bestand:

- Was war das für eine Explosion?
- Wem galt die Explosion?
- Wer ist das Opfer?
- Warum wurde die Person zum Opfer?
- War diese Person zufällig vor Ort?
- Hatte das Opfer Feinde?
- Rolle der Syrer?
- Verschwundener Syrer?
- Wem gehören die Schuhe in Größe 48?
- Knallkörper beim Müll?

Zum ersten Punkt hatte der Sprengstoffhund bereits einen entscheidenden Hinweis geliefert. Derzeit befanden sich die Rückstände der Explosionsstelle und auch der Karton der beiden Lausejungs zur genaueren Untersuchung im Labor.

Das Opfer, der Geschichtsprofessor Gerd Meyer, zweiundsechzig Jahre alt, lag nach wie vor im Koma. Sein nächster Angehöriger Michael Meyer-Ölke, Lehrer in Ochsenwerder, hatte ihm vorhin bei einem kurzen Gespräch auf der Intensivstation berichtet, dass sein Bruder zwar seit dem zehn Jahre zurückliegenden Tod seiner Frau ein zynischer Kauz geworden sei, aber eigentlich keiner Fliege etwas zuleide tun könne. Die Befragungen der Leute, die am Morgen der Explosion auf dem Friedhof ausharrten, hatten ein ähnliches Bild ergeben. Übereinstimmend hatten alle berichtet, dass Gerd ein lockeres Mundwerk habe und er ziemlich direkt sein könne. Vor allem sein Assistent bei diesem historischen Spiel, der verschwundene Syrer, hatte sich regelmäßig allerlei despektierliche Spitznamen anhören müssen.

Andererseits könnte der Anschlag, wenn es denn einer gewesen war, auch jemand anderem gegolten haben. Konkret musste auch das unterhalb der Treppe gefundene Schuhwerk untersucht werden. Keiner der Syrer trug Größe Achtundvierzig. Der Pastor und seine Bediensteten kannten niemanden, der die klobigen Arbeitsschuhe dort stehen gelassen haben könnte. Spannich seufzte und wollte zu seiner Tupperdose greifen, als sein Blick auf ein neu hinzugekommenes Schriftstück im Ablagekorb fiel. Im üblich korrekten Behördendeutsch wurden die Bediensteten der Hamburger Polizei dazu angehalten, ab sofort bei der Verwicklung muslimischer Verdächtiger in Gewaltverbrechen, die mit dem Gebrauch von Sprengstoff, Schusswaffen etc. einhergingen, auch einen Salafismusexperten hinzuzuziehen. Spannich atmete tief durch und wählte widerwillig die auf dem Papier angegebene Telefonnummer.

14

In der Landstuv

SPENDEN GESUCHT!

Liebe Nachbarn,

für die Unterkunft im Baumarkt werden verschiedene Spenden benötigt:

1. Wollreste für die **Handarbeitsgruppe**
2. Gardinenringe für den **Kinderbastelkreis**
3. Schmierpapier für die ehrenamtlichen **Deutschkurse**

Ihr könnt eure Spenden gerne hier in der *Landstuv* abgeben.

Vielen Dank, sagt der Verein
Für **F**lüchtlinge in **N**ot e.V.

Auf jedem der für einen Samstag gut besuchten Tische in der Curslacker Landstuv lag ein Flugblatt. Auch auf dem Tresen waren ein paar der Zettel ausgelegt worden, die sich mit Bier vollsogen. Das weiße Papier wellte sich schon.

„Mir wird echt schlecht, wie sich diese Gutmenschen hier von der Scheißlügenpresse beeinflussen lassen!“ Während Renée einen voll besetzten Tisch in der Stube bediente, ertönte inmitten der Tresenbesucher die schneidende Stimme eines jungen Besuchers: „Das Gesocks will hier auf unsere Kosten leben!“ Verächtlich deutete er auf den Aufruf. „Uns unser letztes Hab und Gut nehmen!“

Alex stand ebenfalls am Tresen. Ohne seinen Vorredner anzusehen, entgegnete er unaufgeregt: „Na ja, Wollreste, Gardinenringe und Schmierpapier sind nun nicht wirklich unser letztes Hab und Gut.“ Die Erfahrungen der letzten Wochen hatten ihn gelehrt, dass die ehrenamtlichen Helfer in der Baumarktunterkunft aus wenigen Materialien ziemlich Beeindruckendes zustande brachten. Vor allem wenn er an den Eiffelturm dachte, den die Bastel-AG aus Tausenden von gespendeten Holzresten gezimmert hatte. Federführend hatte ein geflüchteter afghanischer Architekt die Planung der Skulptur übernommen. Die vielen Kinder bauten sich richtige Märchenschlösser aus den Pappkartons der umliegenden Supermärkte.

„Wozu überhaupt Wolle?“, fragte der Kerl kopfschüttelnd in die Runde. „Wollen die ihre Kohle nu mit Stricken verdienen oder wie?“

„Irgendwie müssen die sich ja beschäftigen“, gab Alex zu bedenken. Seine Aussage verschaffte ihm einen bösen Blick aus engstehenden Augen. Er seufzte innerlich. Hoffentlich ließ sich sein Chef nicht mehr allzu lange Zeit. Netterweise hatte er ihm spontan die Nacht freigegeben. Trotzdem wollte er nicht seinen gesamten Samstagabend in diesem Dorfschuppen vergeuden! Bianca wartete bestimmt schon auf ihn.

„Ich weiß echt nich, wo dat Problem is, min Dschung“, schaltete sich ein älterer Mann mit schütterem Haar in das Gespräch ein. „Besser die Lüt ham wat zu tun, als wie sie sich langweilen. Dat bringt sie nur op dumme Gedankens.“

„Rafft das hier denn keiner?“ Der Angesprochene redete sich in Rage. „Das is doch erst der Anfang. Die Spitze vom Eisberg. Wir müssen jetzt zusammenhalten! Sonst gilt hier bald die Scharia und wir sprechen alle Arabisch. Das wird noch richtig böse enden, sach ich euch!“ Er nahm einen großen Schluck aus seinem Bierglas und murmelte etwas leiser vor sich hin: „Das mit den sechs Millionen damals hat mir auch noch keiner endgültig bewiesen … Scheißlügenpresse …“

„Nu bleibst aber mal auf’m Teppich hier!“ Der Ältere haute mit seiner Faust entschieden auf den Tresen. „Schluss jetzt! Da hinten in Neuengamme, da kiek dich mal um. Dann lässt auch mit dein’ dummen Gesabbel nach!“

Erleichtert stellte Alex fest, dass sein Handy in der Hosentasche vibrierte. Ohne die Entgegnung des Jünglings abzuwarten, wandte er sich von der aufgeladenen Stimmung am Tresen ab und las:

„Bin vor der Tür“

*

Wie immer trug sein Chef einen hellen Leinenanzug und braune Slipper. Auch wenn es für Ende Mai schon recht warm war, hatte er sich einen Schal um den Hals gebunden, dessen Enden vorne und hinten locker hinunterhingen. Roland Kloss wirkte auf den ersten Blick nicht wie der

Inhaber einer erfolgreichen Sicherheitsfirma, sondern eher wie ein schöngeistiger Theaterkritiker. Das volle graumelierte Haar hatte er einigen gut informierten Kollegen zufolge einer gelungenen Transplantation zu verdanken. Außerdem wurde er von seiner jungen Freundin mit diversen Wässerchen, Ampullen und sonstigen Kuren versorgt. Sogar zum Yoga hat sie ihn geschickt, wusste seine Kollegin Moni aus der Buchhaltung. Ohne durchschlagenden Erfolg auf mehr innere Ausgeglichenheit. Auch wenn Herr Kloss seinen Kunden gegenüber stets souveräne Freundlichkeit ausstrahlte, konnte er - wenn etwas nicht nach seinem Willen lief - äußerst unangenehm werden.

Eigentlich hatte Alex mit seinem Chef nicht mehr als nötig zu tun haben wollen. Bloß keine Komplikationen! Nach einer bewegten Jugend in den falschen Kreisen sehnte er sich endlich nach einem ruhigen Leben. Ohne unnötige Kontakte mit der Polizei! Leider hatte ihn der mächtige Roland Kloss in der Hand, weil er ihn trotz seines nicht lupenreinen Führungszeugnisses und des mehr als fünf Jahre zurückliegenden Knastaufenthalts eingestellt hatte. Wegen eines dummen Raubüberfalls, zu dem er von vermeintlichen „Freunden" überredet worden war, hatte man ihn damals eingebuchtet. Die klassische Jugendsünde! Zum Glück hatte sich Bianca nach der Sache mit ihrem Auto soweit wieder beruhigt. Neue Schuhe hatte er sich auch schnell besorgt. Das sollte hoffentlich das letzte Mal auf Abwegen gewesen sein!

„Du hast noch wat zu erledigen, Freundchen!", begrüßte ihn sein Chef mit bedrohlich ernster Miene vor der Tür der Gaststätte. Roland Kloss redete nicht lange um den heißen Brei herum. Mit einem kurzen Nicken forderte er seinen Angestellten auf, ihm hinunter zur Elbe zu folgen. „Is nisch wirklisch gut angekommen, deine vergeigte Aktion. Dat kannz wohl wissen.“

„Wer soll denn ahnen, dass dieses Scheißmittelalterdorf in die Luft geht?“, versuchte sich Alex zu verteidigen.

„Dat juckt den Auftraggeber nisch dat Böhnschen. Dat musste glattbügeln.“

Alex hielt abrupt inne und legte die Hände in die Hüften. „Und wie stellt man sich das jetzt konkret vor?“

„In zwei Tagen sind die Kerle vom Dachgeschoss bei mir. Alle. Dann haste freie Hand.“

*

Nach wie vor aufgebracht, kehrte Alex an den Tresen zurück, um sein angefangenes Bier auszutrinken. Sein Chef hatte sich mit dem Hinweis auf genauere Infos per WhatsApp eilig von ihm verabschiedet. Resigniert stürzte er das noch halbvolle Glas in großen Schlucken herunter. Hörte das denn nie auf? Da machte man einmal einen dummen Fehler!

Wie durch einen Schleier drangen die Tresengespräche an sein Ohr. Die Stimmung hatte sich seit seinem kurzen Spaziergang nicht merklich gebessert.

„Wat willst’n machen? Da kannst ja nur noch NPD wählen!“, tönte ein untersetzter Mann mit rotem Gesicht.

„Die kannst nich ernsthaft wählen!“, widersprach der Ältere mit dem schütteren Haar vernehmbar zornig. „Soll die Scheiße etwa wieder von vorne losgehen? Dat hatten wir doch alles schon!“

„Die Partei soll sowieso bald verboten werden“, wusste Renée stirnrunzelnd zu berichten und verschwand mit einem gefüllten Tablett im Saal. Vorher hatte er noch kurz Alex zugenickt, der sein Bier bezahlen wollte.

„Wählen?“ Der Jüngste in der Runde ließ seine geballte Faust auf den Tisch sausen. „Wer geht denn noch ernsthaft wählen? Was ändert das schon? Wir müssen Tatsachen schaffen. Zeigen, dass das Maß endgültig voll ist!“

*

Während Roland Kloss gemächlich nach Hause spazierte, ließ seine Anspannung allmählich nach. Wie immer in schwierigen Situationen besann er sich auf sein Lebensmotto: Das Glas ist immer halb voll und es gibt keine Probleme, sondern nur Lösungen. Als er damals das Jurastudium an den Nagel gehängt hatte, um seinen Nebenjob als Personenschützer zum Beruf zu machen, hatte er dank seiner Karriere als Inhaber einer deutschlandweit agierenden Sicherheitsfirma alle Bedenkenträger zum Schweigen gebracht. Entschlossen blickte er von der Brücke in die unbewegte Dove-Elbe. Alles konnte sich immer noch zum Besten wenden. Es musste! Schließlich stand er zu seinem Wort. Eine Hand wusch die andere. Natürlich ärgerte es ihn kolossal, dass die Aktion komplett gescheitert war. Es hätte doch alles so einfach sein können: dieser Alex geht hoch, holt das verdammte Bild, geht wieder raus und bringt es eben rum. Alle wären zufrieden gewesen. Vor allem sein Vereinskamerad! Aber nein! Da kommt ihnen diese verdammte Explosion ins Gehege! So viel Polizei und Feuerwehr hatte Neuengamme schon lange nicht mehr gesehen! Ungläubig schüttelte er sein volles Haar. Zum Glück war Nathalie im Moment in seiner Finca auf Mallorca und bekam von der Sache nichts mit. Wahrscheinlich hätte sie es sowieso nicht verstanden. Nathalie hatte er vor zwei Jahren in einem Kosmetiksalon bei der Pediküre kennengelernt. Wenige Wochen später war sie bereits bei ihm eingezogen. Der deutliche Altersunterschied störte sie offensichtlich nicht, er jedoch wünschte sich neben den vor allem körperlichen

Annehmlichkeiten seiner fünfundzwanzigjährigen Freundin manchmal ein wenig tiefgründigere Gespräche. Ihm entfuhr ein Seufzen. Wenn er den läppischen Förster endlich liefern konnte, würde dieser alte Schöngeist hoffentlich seinen Teil der Abmachung erfüllen!

15

Im Turm

Zum Glück war die Toilette an der Rückseite der Kirche immer geöffnet. Nachdem er sich erleichtert, gründlich die Hände gewaschen und so viel Wasser wie möglich aus dem Hahn getrunken hatte, huschte Ferhad wieder zum Turm herüber. Die einseitige Ernährung bestehend aus Marmelade und trockenen Keksen machte ihn durstig. Auf dem kurzen Weg durch den Kirchgarten stellte er sich erneut die Frage, weshalb dieser Turm nicht direkt neben der Kirche stand. Im Christenviertel von Aleppo sahen die vielen Kirchen verschiedenster Konfessionen anders aus als diese hier. Das Minarett seiner Moschee stand direkt neben einer syrisch-orthodoxen Kirche. Seine Familie ging am Freitag in die Moschee und oft machte seine Mutter danach noch ein paar Besorgungen in den geöffneten Geschäften der Christen. Umgekehrt sah man am Sonntag immer viele Christen außerhalb ihres Viertels einkaufen. Das war viele Jahre gut gegangen. Bis zum Krieg. Dieser furchtbare Krieg! Mit viel Glück hatte er es geschafft, vor diesem sinnlosen Sterben zu fliehen und befand sich nun wieder in der Falle. Auf einem hohen Turm. In einer christlichen Kirche!

Als Ferhad wieder auf seinen Decken saß, erinnerte er sich an ein Gespräch mit Pastor Warmeling. Einmal in der Woche brachte ihnen der jederzeit freundliche Kirchenmann zusätzlich zu Erne und Sophie ebenfalls Deutsch bei.

„Warum denken wir nicht vielmehr daran, was unsere Religionen gemeinsam haben?“, hatte er einmal mit seinem warmherzigen Lächeln gefragt. Zuvor hatte Hasan mal wieder auf die vielen Unterschiede zwischen Moslems und Christen verwiesen. „Wir glauben beide an einen Gott, egal wie er heißt. Wir glauben an die Schaffung eines ersten Menschen durch Gott, egal wie er heißt. Auch im Koran wird die Geburt des Propheten Jesus durch Johannes den Täufer, der bei euch Yahya genannt wird, angekündigt. Es gibt viele Gemeinsamkeiten - und wo es die nicht gibt, sollte man dem anderen seinen Glauben lassen und ihn nicht dafür verurteilen."

Nachdenklich starrte Ferhad auf die neben ihm hängenden massiven Glocken. Bis vor Kurzem hatte er sich nicht besonders viel mit dem Thema Glauben beschäftigt. Sein Vater hatte ihn und seinen Bruder zwar mit in die Moschee genommen, aber ansonsten waren seine Eltern relativ liberal eingestellt. Der heutige Fanatismus machte ihnen Angst. Die scharrenden Falken erinnerten ihn an seinen Onkel aus Rubaya, dem persönliche Freiheit immer wichtig war. Seiner Meinung nach sollte Religion etwas Privates sein, das jeder im Herzen trägt.

16

Auf dem Revier

„Herr Yassir al-Nasim, wie Sie wahrscheinlich bereits wissen, ist Deutschland ein freies Land."

Wie immer bei einem Verhör im dafür vorgesehenen fensterlosen Raum saß Kommissar Dirk Spannich mit geradem Rücken auf einem harten Metallstuhl. In seiner rechten Hand hielt er einen schreibbereiten Stift. Auf dem kleinen Tisch zwischen ihm und der zu verhörenden Person lagen neben dem Aufnahmegerät die Ermittlungsakte zum Fall *Explosion Neuengamme* und ein leerer Schreibblock. Der Kommissar fixierte sein Gegenüber mit festem Blick.

„Ja", antwortete Yassir mit spürbar skeptischer Freundlichkeit. „Deshalb ich bin hier."

Nach kurzem Blättern in der Ermittlungsakte rückte sich Spannich die Brille zurecht und hakte in deutlich schärferem Tonfall nach: „Warum haben Sie uns dann nicht erzählt, dass Sie in Syrien für sechs Monate im Gefängnis gesessen haben?"

„Weil Sie nicht mich danach gefragt haben. Fragen kostet nichts." Auch die Tonlage des Syrers nahm an Schärfe zu. Trotzdem sah er den Kommissar weiterhin freundlich an. „Das steht sogar in meinem Asylantrag. Schwarz auf weiß."

„Auf die Akte warten wir noch", informierte ihn Spannich. „Bei ersten Recherchen sind wir sowohl über Ihren Namen als auch über Ihr Foto gestolpert. Im Zusammenhang mit Terrorismus." Unmerklich kniff der Leiter der Ermittlungen seine Augen hinter der Nickelbrille zusammen.

Yassir reckte seinen kurzen Oberkörper ein wenig nach

vorn. Vor seiner Entgegnung atmete er hörbar tief aus. „Sehr geehrter Herr Kommissar, Sie entschuldigen vielmals, aber müssen Sie wissen: Für unsere Präsident Baschar al-Assad jeder, der gegen ihn und seine Politik etwas sagt, der … “, Yassir überlegte einen Moment, „… ihm die Stirn anbietet oder gegen ihm kämpft, ist ein Terrorist. Wir haben keine Meinungsfreiheit bei uns.“

„Was war der Grund für Ihre Inhaftierung?“

„Teilnahme an Demonstration in meine Heimatstadt Damaskus.“

„Wogegen haben Sie damals demonstriert?“

„Gegen Korruption und soziale Ungerechtigkeit. Vor allem gegen Rami Makhluf. Assads Cousin.“

„Waren oder sind Sie Mitglied in einer islamistischen Vereinigung?“

Yassir atmete noch einmal tief durch. Es fiel ihm sichtlich schwer, seine Beherrschung zu bewahren. „In meine eigene vier Wände und in die Moschee ich bin gläubiger Sunnit, ansonsten kann jeder Mensch leben, wie er es will. Für mich persönlich ist so: Religion ist Privatsache.“ Nach einer kurzen Denkpause setzte er nach: „Wie sagte schon Rosa Luxemburg: Freiheit ist immer Freiheit der Andersdenkenden.“

Spannich schien irritiert. „Damit ich Sie besser verstehe: Was genau sind eigentlich Sunniten und worin unterscheiden sie sich von den anderen, den …“

„Schiiten?“

„Genau! Könnten Sie mir den Unterschied kurz erklären?“

„Gerne.“ Yassir lehnte sich wieder ein wenig in seinem Stuhl zurück und strich mit einer Hand über seinen Bart. „Ungefähr fünfundachtzig Prozent aller Muslime sind Sunniten. Der Rest sind Schiiten und andere schiitische

Gruppen. Nach Mohammeds Tod im Jahre sechshundertzweiunddreißig gab es eine große Streit: Wer darf Nachfolger von Mohammed sein? Viele Männer wollten den Besten wählen - egal ob Familie von Prophet oder nicht. Diese Gruppe heißen dann Sunniten. Bedeutet *Volk der Tradition*."

„Und was wollen die Schiiten?"

„Der Name kommt von das arabisches Wort *Schia. Schia* heißt Partei. Die Partei Alis war dafür, dass Mohammeds Schwiegersohn Ali wird der nächste Kalif. Nur Kalif Ali ist der Richtige."

„Ah ja, verstehe …" Spannich rückte die Unterlagen auf dem Tisch ein wenig zurecht. „… lange her. Da könnte man ja eigentlich irgendwann mal einen Schlussstrich ziehen, oder?"

„Das müssen Sie nicht mir auf die Nase legen." Der Syrer lächelte verschmitzt und fuhr sich wiederholt über den Bart.

„Binden …", korrigierte ihn der Kommissar fast beiläufig.

„Danke … auf die Nase binden … Alles klar." Schnell tippte er die korrekte Redewendung in sein Handy. „Was ich noch sagen wollte: Katholiken und Protestanten haben auch unterschiedliche Meinung wie Hund und Katze, oder?"

Der Kommissar kniff die kleinen Augen zusammen. „Da mögen Sie recht haben. Aber so heftig wie bei Ihnen …"

„Na ja, das historische Spiel in die Kirche hat sich mit Dreißigjährige Krieg und die Friedensverhandlungen beschäftigt. Damals war auch viel Blut - zwischen die beide Konfession."

„Alles nicht so einfach mit dem Glauben", beendete der Polizist den religiösen Exkurs. „Zurück zum aktuellen Fall. Ich kann also davon ausgehen, dass …" Es klopfte an der Tür. „Ja?", rief Spannich ungeduldig. Bei Verhören ließ er sich höchst ungern stören.

Die schwere Tür wurde geöffnet und ein glatzköpfiger Mann starrte durch den Spalt. „Sind Sie Herr Kommissar Spannich?“

„Ja. Was kann ich für Sie tun?“, fragte er ungeduldig.

„Al-Rhamani. Ich bin der Salafismusexperte.“

Spannich deutete auf die Uhr an der gegenüberliegenden Wand. „Sie sind zu spät, Herr al-Rhamani. Aber kommen Sie herein.“

Nachdem der Experte seine Verspätung wegen anderer Verpflichtungen an diesem Sonntagmorgen entschuldigt hatte, setzte er sich auf den dritten Stuhl.

„Ich werde dann mal weitermachen, wenn es recht ist“, informierte ihn Spannich nüchtern.

„Machen Sie nur!“ Mit beschwichtigender Geste hob der Neuankömmling beide Arme. „Ich höre dann erstmal zu.“ Al-Rhamani schlug die in einer beige-farbenen Hose steckenden Beine übereinander, verschränkte die Arme vor seinem weißen Hemd, stützte das Kinn mit der linken Hand ab und beobachtete das Verhör mit ernster Miene.

„Dann kann ich also davon ausgehen, dass Sie nicht mit den radikalen Bekenntnissen des sogenannten islamischen Staats übereinstimmen?“, setzte Spannich erneut an.

„Mit Daesh?“ Yassir hatte sichtlich Schwierigkeiten seine wiederholt aufsteigende Wut zu unterdrücken. „Was glauben Sie eigentlich, wovor wir geflüchtet sind?“

„Wenn ich da mal eben einhaken darf, Herr Kommissar?“, schaltete sich al-Rhamani in das Verhör ein.

„Machen Sie nur, deshalb sind Sie ja wohl hier.“ Mit einer knappen Handbewegung überließ der Kommissar dem Experten das Feld.

Im Folgenden lieferten sich die beiden Männer einen Schlagabtausch auf Arabisch, dem Spannich lediglich wie der Zuschauer eines Tischtennisspiels folgen konnte. Mit der Zeit beschlich ihn das untrügliche Gefühl, dass der Mann auf der anderen Seite des Tisches die argumentative Oberhand behielt. Yassirs Wortbeiträge waren zumindest quantitativ deutlich umfangreicher.

„Könnten Sie mir bitte einen Zwischenstand Ihres Gesprächs liefern?“, unterbrach er einen weiteren Redefluss des Verhörten.

Der Salafismusexperte wirkte mittlerweile ähnlich mitgenommen wie damals Spannichs bekennend kommunistischer Geschichtslehrer, nachdem sich dieser mit dem Sohn eines DDR-Flüchtlings ein heftiges Wortgefecht geliefert hatte.

„Ja … natürlich …“, stammelte Herr al-Rhamani, während sich Yassir mit verschränkten Armen zurücklehnte. „Gehen Sie davon aus, dass Herr al-Nasim keinerlei Verbindungen zum sogenannten islamischen Staat unterhält.“

„Noch einmal zur Erklärung, meine Herren: Ich muss diese Fragen stellen, weil Herr al-Nasim uns seinen Gefängnisaufenthalt verschwiegen hatte.“ Zur Bestätigung deutete der Kommissar auf die Akte und fuhr dann mit der Befragung fort. „Nun gut. Wie standen Sie zum Opfer, Herr al-Nasim? Zu Herrn Gerd Meyer?“

„Ich hatte mit Gerd keine Probleme.“

„Auch nicht mit seinem bisweilen etwas rauen Umgangston?“

„Am Anfang meine Leitung war sehr lang. Aber dann habe ich ihn verstanden.“ Der Syrer hielt kurz inne. Ein Lächeln huschte über sein Gesicht. „Ich mag Gerd. Er ist ehrliche Mann.“

„Wie meinen Sie das?“

Yassir überlegte einen Moment, bevor er antwortete: „Verstehen Sie mich bitte nicht falsch, weil wir sind sehr dankbar für alles, was die Menschen in Neuengamme für uns machen. Aber oft ich fühle mich nicht richtig. Alle Leute sind immer sehr sehr freundlich. Aber Gerd hat mit uns geredet wie mit allen. Ehrlich.“ Nach einer kurzen Pause erkundigte er sich beim Kommissar: „Wie geht es ihm?“

„Er liegt nach wie vor im Koma.“

17

Auf der Suche

Warum hatte er sich bloß wieder darauf eingelassen? An einem strahlenden Sonntagvormittag wie diesem hätte sich Karlo wahrlich Besseres vorstellen können, als nach einem verschwundenen Syrer zu suchen.

„Die seute Deern is immer noch ganz bange!“, hatte Erne heute Morgen beim Frühstück berichtet und ihn dabei mit dem mitleiderregenden Augenaufschlag eines kleinen Mädchens angesehen, das sich vom Vater die umgehende Reparatur ihrer Lieblingspuppe erhofft.

„Was soll ich machen?“, entgegnete er achselzuckend. „Herzaubern kann ich ihn nicht.“ Nachdem alle zahlenden Gäste das Hotel verlassen hatten, wollte er eigentlich ganz in Ruhe zusammen mit Gianna sein zweites Frühstück genießen, während Erne sich in den Zimmern nützlich machte. Wer wusste schon, wie lange sie das noch konnten, in trauter Zweisamkeit.

„Der Lütte kann ja nich weit sein!“, behauptete Erne mit Nachdruck in der Stimme.

„Hast du vielleicht eine Vermutung, wo er hingegangen sein könnte, Erne?“, fragte Gianna mit ehrlichem Interesse.

„Ich kann da nix zu, aber mein Gefühl sacht mir, dat der arme Bengel hier irgendwo inne Nähe steckt. Er kennt sich doch nich aus! Wo soll er denn hin?“

„Hat er irgendwo noch Freunde oder Familie?“

„Nee, der Jung klebt immer an sein’ Bruder. Khaled managt doch alles bei denen.“

„Hm“, entgegnete Karlo nachdenklich und nippte an

seinem Kaffee.

„Außerdem hat er doch grad erst ’n Techtelmechtel mit Sophie …“ Nervös lächelnd sah Erne von Gianna zu Karlo. „Haltet mich für dösbaddelig, aber Ferhad hockt hier irgendwo inne Nachbarschaft und hat bannig Angst.“

*

Wenn sie sich etwas in den Kopf gesetzt hatte, konnte seine Hausdame leider sehr überzeugend sein, dachte Karlo bei sich, während er mit seinem Fahrrad über die Brücke von Curslack nach Neuengamme fuhr. Wegen des schönen Wetters herrschte auf der Dove-Elbe reger Sonntagsausflugsverkehr. Motoryachten und Paddelboote tummelten sich auf dem still dahinfließenden Nebenarm der Elbe. Am Ende eines idyllisch angelegten Gartens hatte es sich eine Gruppe auf einem Holzsteg zum Brunch gemütlich gemacht. Hohe Bäume spendeten ihnen Schatten. Auf der anderen Seite der Brücke hatten sich zwei Paddelboote mit jeweils vier Insassen in den über das Wasser ragenden Trauerweiden verfangen. Laut kreischend versuchten die Mädchen des einen Bootes, sich aus dem Dickicht zu befreien. Karlo bekam nicht mehr mit, ob die jungen Kerle aus dem anderen Boot ihnen dabei behilflich waren oder anderes im Schilde führten.

Nach der Brücke begann das Neuengammer Stegelviertel. Im Gegensatz zu den vielen langgezogenen Straßendörfern der Vier- und Marschlande konnte das idyllische Neuengamme einen richtigen Dorfkern mit kopfsteingepflasterten Gässchen vorweisen. Gianna war ganz entzückt gewesen, als sie die reetgedeckten Fachwerkhäuser mit ihren meist grüngestrichenen Türen und Fensterrahmen das erste Mal gesehen hatte. Viele Bewohner schmückten ihre

Fensterbänke mit alten Teekannen, Kupfertöpfen und üppigen Blumenarrangements, die sich in den gepflegten Gärten fortsetzten. Am Ende des Foortstegels verließ Karlo das Viertel und schwenkte nach rechts in den Neuengammer Hausdeich. Nachdem das kommerzielle Zentrum Neuengammes mit zwei Bekleidungsgeschäften, Frisören, Optiker und Partyservice hinter ihm lag, bog er links in den Feldstegel ein. Beim Passieren des alles überragenden Kirchturms läuteten die Glocken. Die Zeiger standen auf elf Uhr.

Begleitet von den durchdringenden Schlägen stellte er sein Fahrrad vor dem Gemeindehaus ab und sah sich um. Da heute in der Kirche kein Gottesdienst stattgefunden hatte, waren sowohl der Park- als auch der Vorplatz leer. Als er auf den Haupteingang zuging, schlenderte plötzlich Hasan um die Ecke. Der kleine Koch hielt eine Zigarette in der Hand und begrüßte ihn mit einem freundlichen Lächeln: „Guten Morgen, der Herr."

„Guten Morgen!", entgegnete Karlo und schüttelte die ihm dargebotene Hand.

„Erne hat gesagt Bescheid", informierte ihn Hasan eifrig. „Auf WhatsApp. Sie wollen helfen suchen."

Karlo nickte leicht. „Ich weiß nicht, ob es hilft. Aber ich kann es versuchen."

„Versuch macht kluch!" Stolz über das neu gelernte Sprichwort strahlte Hasan über das ganze Gesicht und entblößte dabei seine schief stehenden Zähne. „Kommen Sie."

Im Wohn-Schlafraum der Männer wurde Karlo bereits erwartet. Schüchtern reichte ihm der zurückhaltende Amir seine weiche Hand. Der bei ihrem ersten Zusammentreffen so eloquente Yassir wirkte diesmal eher reserviert. Khaled bat den Gast an einen Tisch, auf dem wieder ein Teller mit frisch geschnittenem Obst und Gemüse bereitstand.

„Möchten Sie Tee?"

„Sehr gerne, danke.“

Unter der Beobachtung von vier aufmerksamen Augenpaaren trank Karlo kurz darauf kleine Schlucke aus einem schmalen Teeglas.

„Haben Sie vielleicht schon etwas von Ihrem Bruder gehört?“, fragte er und sah dabei Khaled direkt an.

„Nein. Er ist verschwunden.“

„Wollen wir uns nochmal zusammen seine Sachen anschauen? Vielleicht finden wir einen Hinweis.“

„Ich habe alles angesehen. Aber vielleicht lieber noch einmal.“

„Vier Augen sehen besser als zwei“, kommentierte Yassir mit neutralem Gesichtsausdruck.

Karlo stellte sein fast leeres Glas auf dem Tisch ab und ließ sich von Khaled die Ecke seines kleinen Bruders zeigen. Auf dem abgenutzten Nachttisch lagen viele Zettel mit deutschen Vokabeln und ein schmales deutsches Lesebuch. In seinen drei Kommodenschubladen fand Karlo neben Kleidung nur eine dicke Mappe mit bürokratischem Schriftverkehr. Das meiste war auf Deutsch, ein paar wenige Seiten auf Arabisch abgefasst.

„Das ist sein Abiturzeugnis“, erklärte Khaled nicht ohne Stolz. „Ferhad ist sehr klug. Er hat siebenundachtzig Prozent erreicht. Zwei weniger als ich.“

„Dann seid ihr ja richtig schlaue Kerlchen“, entgegnete Karlo anerkennend. „Haben Sie vielleicht irgendwo sein Handy gefunden? Er hat doch eins?“

„Nein, das ist auch weg.“ Khaled zuckte bedauernd mit den Achseln. „Ich habe ihn angerufen und viele, viele SMS und WhatsApp geschrieben. Er antwortet nicht.“

Nachdenklich blickte sich Karlo in dem großzügigen Raum um. Amir und Hassan saßen am Esstisch. Sie unterhielten sich leise. Yassir hockte auf seinem Bett und starrte die gegenüberliegende Wand an.

„Geht es ihm heute nicht so gut?“, fragte er mit gesenkter Stimme.

Khaled zögerte mit seiner Antwort. „Gestern Yassir war bei Polizei. Zuerst sie glauben, er ist Terrorist.“

„Wie kommen die denn auf die Idee?“, fragte Karlo überrascht nach.

„Er war in Gefängnis. In Damaskus. Weil er gegen Assad.“

„Ach so … Jetzt glauben sie es aber nicht mehr?“

„Er ist frei … aber Polizei war nicht gut.“

Die unterste Schublade machte ein quietschendes Geräusch, als Karlo sie wieder zurückschob. Er richtete sich wieder zu seiner vollen Größe auf und fragte in normaler Lautstärke: „War hier irgendetwas anders, am Morgen der Explosion?“

„Wir schlafen“, antwortete Khaled für die Gruppe.

„Das mache ich normalerweise um die Zeit auch noch.“ Das würde sich bestimmt bald ändern, dachte er.

„Nein …“ Khaled schüttelte entschieden den Kopf. „Wir schlafen sehr viel! Zu viel schlafen!“

„Schlaft ihr sonst weniger?“

Mit einem Nicken zum Esstisch entgegnete Khaled: „Jeden Morgen Amir ist wach und betet auf Teppich.“

„Nur Amir?“, fragte Karlo irritiert nach. „Ihr nicht?“

„Jeder betet allein. Nicht alle fünfmal am Tag.“

„Ok, verstehe. Und an dem Morgen ist Amir nicht mit dem ersten Sonnenstrahl aufgestanden, um zu beten?“

Amir sah fragend von Khaled zu Yassir, der ihm kurz Karlos Frage übersetzte. Fast verlegen schüttelte er daraufhin den Kopf.

„Ferhad soll Feuer machen - um sechs. Er muss früh aufstehen, aber hat Handy nicht gehört. Erst Knall - dann wir sind wach“, berichtete Khaled.

„Das klingt ja fast nach … Schlafmittel …?“ Karlo sah sich wieder im Raum um. Auf dem Esstisch standen volle Mineralwasserflaschen, Gläser und ein Rest Kuchen. Aufmerksam folgten die Männer seinem Blick.

„Auch wenn wir noch nicht wissen, warum - kann vielleicht jemand etwas ins Wasser gemischt haben?“

„Nein“, entgegnete Khaled umgehend und deutete dabei auf die kleine Küchenzeile. „Wir trinken immer aus Wasserhahn. Ohne Kohlensäure. Die Flaschen dort sind nur für deutsche Gäste.“

„Und was ist mit eurem Essen?“

„Wir kochen Essen selbst. Hasan kocht für uns. Alles.“

Karlo starrte nachdenklich auf den Tisch. „Was ist mit diesem Kuchen? Haben Sie den auch gebacken?“

Entschieden schüttelte Hasan den Kopf. „Nein, ich kann nicht backen, wenn diese Spiel da draußen und Auftrag für die Prinz. Keine Zeit!“

Plötzlich guckten sich die anderen Männer erstaunt an und redeten aufgeregt durcheinander. Sogar der stets schweigsame Amir beteiligte sich an ihrem lautstarken Gespräch. Heftig gestikulierend deuteten sie immer wieder auf den Teller mit den Kuchenresten.

„Entschuldigung? Hallo!“ Mit Nachdruck versuchte Karlo, sich Gehör zu verschaffen. „Könnten Sie mich bitte einweihen? Von wem stammt dieser Kuchen?“

„Der Teller plötzlich steht da“, sagte Hasan mit sich überstürzender Stimme. „Ich dachte, ein Geschenk. Alte Frauen unten geben manchmal Kuchen.“

„Aber andere Kuchen. Mit viel Sahne oder Apfelkuchen. Nix Baklava“, wandte Khaled ein.

Karlo hielt sich die Reste des Gebäcks an die Nase und roch daran. Meine Güte, er benahm sich schon wieder wie ein Tatortkommissar! „Wann stand der hier und warum haben Sie nicht aufgegessen?“

Nach kurzem Zögern antwortete Khaled: „Letzte Donnerstag. Am Abend war einfach hier. Wir haben unten Besprechung und dann Kuchen da.“ Mit gesenkter Stimme fuhr er fort: „Ferhad mag sehr gerne Baklava. Wir wollen für ihm behalten. Wenn er wiederkommt von seine … Besprechung mit Sophie.“

„Den nehme ich erstmal mit. Vielleicht kann man im Labor etwas darin finden.“

„Aber warum?“ Khaled guckte irritiert.

„Warum man Ihnen eventuell ein Schlafmittel gegeben hat? Keine Ahnung! Aber vielleicht hat das etwas mit Ferhads Verschwinden zu tun.“

*

Über den kurvigen Deich fuhr Karlo weiter nach Ochsenwerder. Wenn seine Frauen ihn schon auf die Suche schickten, würde er sie wenigstens mit einer ausgedehnten Radtour in der wunderbar warmen Maisonne verbinden. Wie üblich wollte er einen Rat bei seinem Schulfreund Tobias einholen. Der stellvertretende Leiter der Gedenkstätte Neuengamme hatte ihm in den letzten Jahren schon so manchen entscheidenden Hinweis geben können.

Als er um die Ecke zum Hintereingang des alten Bauernhauses ging, drang Babygeschrei an sein Ohr. Mit der acht Monate alten Tochter Ronja auf dem Arm öffnete Tobias die Küchentür. Über seiner Schulter hing eine gelblich verfärbte Stoffwindel.

„Karlo?“, fragte der Hausherr sichtlich erstaunt. „Was kann ich für dich tun?“

„Ich wollte mal gucken, wie es so läuft.“ Mit Blick auf

Baby und Spucktuch konnte sich Karlo ein Grinsen nicht verkneifen.

„Ronja bekommt gerade ihren Brei.“ Der junge Vater wirkte ziemlich gestresst.

„Ah ja.“ Mit der ihm bevorstehenden Thematik der kommenden Jahre musste er sich erst noch anfreunden.

„Die Anevke hat sich hingelegt. Die ist noch voll fertig von der letzten Nacht. Zähne.“

In der kleinen Küche sah es aus wie auf einem Schlachtfeld. Rund um den Hochstuhl klebten Reste von einem orangefarbenen Brei. Dreckiges Geschirr stapelte sich rund um die Spüle. Der Küchentisch war vom Frühstück noch nicht abgedeckt. Überall lagen Zeitungen, Babyspielzeug und weitere Spucktücher.

„Entschuldige das Chaos, aber ich bin erst gestern Abend von einem Kongress in Berlin wiedergekommen.“

„Arbeitet Anevke wieder?“, erkundigte sich Karlo.

„Nein, aber Ronja hat im Moment eine echt voll schwierige Phase. Da kommt man zu nichts.“

„Verstehe.“

„Du wirst es ja selbst erleben“, entgegnete Tobias mit einem müden Lächeln. „Jetzt führt kein Weg mehr zurück.“

„Tja.“

In den nächsten Minuten sah Karlo seinem alten Schulfreund dabei zu, wie dieser krampfhaft versuchte, seiner Tochter ein paar Löffelchen Brei einzuverleiben. Die Pampe schien ihr nicht sonderlich gut zu schmecken.

„Und sonst so?“, fragte Tobias.

„Hast du vielleicht von der Explosion gehört?“, erkundigte sich Karlo.

„Nee, was denn?“

In wenigen Sätzen schilderte er den Vorfall und seine Suche nach dem verschwundenen Syrer.

„Geht's schon wieder los?“, grinste Tobias. „Langsam machst du dir ja echt ’n Namen. Vielleicht solltest du umsatteln?“

„Sehr witzig!“ Karlo schüttelte den Kopf. „Erne und Gianna haben echt nicht locker gelassen. Der junge Mann hat wohl eine kleine Freundin, die sich die Augen nach ihm ausweint.“

„Superaktion von der Gemeinde, finde ich übrigens. Dass die einfach so ein paar Flüchtlinge aufnehmen.“

„Na ja, alle schienen nicht begeistert gewesen zu sein. Christian hat mir erzählt, dass der Pastor seinen Schäfchen die Herrschaften als syrische Köche auf Austausch verkauft hat.“

„Cooler Typ, der Warmeling.“

„Die Frage ist jetzt, wie diese Explosion und das Verschwinden des Syrers miteinander zusammenhängen.“

Tobias unterbrach für einen Moment seine Fütterung und fragte interessiert nach: „Gibt es mal wieder historische Fragen zu klären oder warum kommst du zu mir?“

„Eher weniger.“ Karlo holte die Kuchenreste aus seiner Fahrradtasche hervor. „Kennst du ein Labor, das eventuell Schlafmittel in diesen Resten auffinden könnte?“

Tobias überlegte, während er den Löffel gedankenlos wie ein Flugzeug über seinem Töchterchen kreisen ließ. „Wir kooperieren mit einem Institut, das uns manchmal bei kritischen Funden behilflich ist. Die könnte ich mal fragen.“

Die Männer starrten gebannt auf Ronjas Mund, der sich langsam öffnete und kurz darauf einen Löffel Brei verschwinden ließ.

„Kennst du dich eigentlich mit dem Syrienkonflikt aus?“, fragte Karlo unvermittelt. „Sind ja ’ne Menge hier mittlerweile, aber richtig verstanden habe ich die Gesamtgemengelage noch nicht.“

„Bei diesem Kongress in Berlin ging es auch um interreligiöse Konflikte. Aus gegebenem Anlass habe ich zum Thema Syrien ein paar Vorträge besucht.“

„Und? Ist was hängengeblieben?“

„Angefangen hat das Dilemma wohl mit den mittelalterlichen Kreuzzügen.“

„Mach es nicht zu lang, ich weiß nicht, wie viel ich schon von dem Schlafmittel eingeatmet habe“, witzelte Karlo, während Ronja ungeduldig nach einem weiteren fliegenden Löffel Nahrung verlangte.

„Willst du nun was hören oder nicht?“, entgegnete Tobias mit dem kreisendem Löffel in der Hand.

„Schieß los!“

„Dann die kurze Version - ohne Kreuzzüge. Seit 1970 ist die Familie Assad am Ruder. Der alte Hafisz al-Assad hat sich als alawitischer Offizier hochgedient.“

„Alawie …?“

„Das ist ’ne Abspaltung vom schiitischen Islam. Die sind um einiges moderater in ihrer Praxis. Zum Beispiel müssen die nicht fünfmal am Tag beten, nehmen nicht am Ramadan teil und brauchen auch nicht nach Mekka zu pilgern. Aus Respekt vor dem Propheten Jesus feiern sie sogar Weihnachten und Ostern. Außerdem müssen sich die Frauen nicht verschleiern.“

„Klingt eigentlich ganz okay.“

„Die Religion ist bei den Assads auch nicht wirklich das Problem …“ Tobias’ Ausführungen wurden von der jammernden Ronja unterbrochen, da ihr Vater kurz innehielt. Umgehend tauchte er den Löffel wieder in den Brei. „Es geht wie immer um Macht und Machterhalt. Und um Erdgas. Dazu muss man noch wissen, dass Syrien von 1922 bis 1943 ein französisches Protektorat war. Einerseits haben die Franzosen ein bis zu diesem Krieg recht gut funktionierendes

Schulsystem gefördert, andererseits haben die Kolonialherren vor allem religiöse Minderheiten wie Christen, Alawiten und Drusen zu Offizieren ausgebildet."

„Drusen?"

„Auch 'ne Schiitenunterart. Also, eigentlich eher was Eigenes. Das führt jetzt aber zu weit."

„Hört sich wie 'ne okkulte Sekte an."

„So sehen das viele Moslems auch. Das Problem an der Sache ist, dass sich mittlerweile der Staatsapparat in alawitischer Hand, vielmehr in der Hand von Assads weitverzweigter Familie befindet. Da soll er ihrem Willen nach auch bleiben. Ein Riesenpolizeiapparat und an die fünfzehn Geheimdienste sind bis heute damit beschäftigt, jeden zu beschatten und wenn nötig zu beseitigen."

„Klingt nach DDR."

„Sozialismus auf Arabisch." Tobias wischte seiner Tochter den Mund ab. „Als Hafisz im Jahr 2000 starb und sein blasser Sohn Baschar, ein in London ausgebildeter Augenarzt, an die Macht kam, sah es eine Zeitlang nach Reformen und Öffnung aus. Es wurden sogar oppositionelle Debattierklubs erlaubt. Trotzdem endete die neue Freiheit nach ungefähr einem Jahr mit einer großangelegten Verhaftungswelle. Die Angst vor Machtverlust war denen wohl doch zu groß."

„Da gab's doch diese Demo irgendwann, oder?"

„Stimmt. Im Zuge des Arabischen Frühlings sind im März 2011 vor allem Studenten in der Stadt Deraa auf die Straße gegangen und haben auf die Wände geschrieben: 'Nieder mit der Korruption!' Tragischerweise wurden viele von ihnen verhaftet, gefoltert und sogar erschossen."

„Die waren doch total friedlich am Anfang. So wie in Tunesien und in Ägypten auch."

„Irgendwann haben sie festgestellt, dass ihr friedlicher Protest nicht viel bewirkt. Dann ging's bald los mit den

Kämpfen."

„Und dann kamen irgendwann noch diese IS-Mörder dazu."

„Womit wir indirekt beim Erdgas wären."

„Was haben die denn damit zu tun?" Plötzlich knallte etwas laut auf den Boden. Ronja hatte die Schüssel mit einer zappeligen Armbewegung aus Tobias' Hand gestoßen. Zum Glück war sie nicht umgekippt. Trotzdem gesellten sich einige Spritzer Brei zu den anderen Spuren auf den Fliesen. Leise fluchend bückte sich ihr Vater und nahm die Fütterung wieder auf. Ungerührt fuhr er mit seinen Erläuterungen fort: „Ein paar Experten gehen davon aus, dass das Dilemma mit einem riesigen Erdgasfeld in Katar zusammenhängt. Die Kataris haben schon im Jahr 2009 bei Assad angefragt, ob sie nicht eine Pipeline durch Syrien bis in die Türkei bauen dürften. Assad hat aus verschiedenen Gründen abgelehnt. Zum einen wird dieses Feld auf der anderen Seite auch vom schiitischen Iran beansprucht. Deren Pipelinebau durch sein Land hatte der gute Assad bereits zugestimmt. Außerdem wollen die mit dem syrischen Regime verbündeten Russen nicht, dass katarisches Gas in Europa landet."

„Verständlich, das würde Gazprom nicht gefallen." Karlo versuchte, mit seinem Zeitungswissen Tobias zu folgen.

„Das ist ein Riesendilemma! Auf der einen Seite beabsichtigen Katar, die Saudis, die Türkei, Großbritannien, die USA und auch Frankreich Assad zu stürzen, auf der anderen wollen ihn der Iran, die Hisbollah und die Russen an der Macht halten."

„Und was hat das alles mit Isis zu tun?"

„Laut Aussage des Referenten liegen geheimdienstliche Erkenntnisse vor, nach denen die Saudis lange Zeit beide Augen zugedrückt hätten, wenn extremistische Kämpfer komplett mit Waffen aus ihren Reihen ausgestattet wurden.

Die hatten wohl anfangs nicht viel dagegen, wenn mal jemand gegen Assad vorging. Das hat sich dann leider folgenschwer verselbständigt.“

„Verrückte Welt“, entfuhr es Karlo. Dabei starrte er gedankenversunken auf das Baby, das über Tobias’ Schulter lag. Sein Freund klopfte der Kleinen sanft auf den Rücken. „Das Leben könnte so einfach sein. Im Grunde genommen wollen doch alle dasselbe: die große Liebe, glückliche Kinder, genug zu essen, ein warmes Plätzchen und eine sinnvolle Beschäftigung. Warum unterwerfen sich manche Leute diesen radikalen Irrlehren und würden sogar dafür sterben?“

„Vielleicht weil sie andere Vorstellungen vom Glück haben?“

„Oder sie haben das Glück bis jetzt noch nicht kennengelernt.“

Sie schwiegen, während Ronja langsam die Augen zufielen.

18

Im Turm

„Dong, dong, dong!“

Unerbittlich dröhnten die lauten Glockenschläge durch Ferhads Körper und beendeten seinen kurzen Nachmittagsschlaf. Er schreckte vom Lager hoch, griff hastig nach einer der Decken und wickelte sie sich eng um den Kopf. Langsam erwachte sein Denkvermögen. Es musste siebzehn Uhr sein. Als der markerschütternde Lärm nach drei langen Minuten endlich vorüber war, riss er die Decke wieder herunter. Schwerfällig reckte und streckte er sich. Alles tat ihm weh. Sein Rücken. Seine Beine. Und der Kopf! Der Holzboden war viel zu hart für einen erholsamen Schlaf. Im Vergleich nicht ganz so schlimm wie auf dem engen Schiff nach Italien. Die anstrengende Flucht lag glücklicherweise ein paar Monate zurück. Vier Tage hielt er sich schon hier oben auf. Vier lange Tage! Wenigstens musste er das Glockengeläut nur dreimal täglich überstehen. Um acht, um elf und wie jetzt um fünf Uhr nachmittags.

Hungrig griff er zu den neuen Vorräten. Bei einem seiner nächtlichen Toilettengänge hatte er zufällig zwei prall gefüllte Einkaufstüten entdeckt, die jemand dort vergessen haben musste. Seine Erziehung verbat es ihm eigentlich zu stehlen. Dies galt jedoch eindeutig als Notsituation. Das würden seine Eltern und auch *Allah* sicherlich verstehen. In den Tüten fand er Brot, Wurst, Käse, Schokolade und Obst. Er liebte frisches Obst. In Deutschland wurde längst nicht so viel Obst wie zu Hause in Syrien gegessen.

Während er langsam einen Apfel kaute, rotierten seine

Gedanken: Wie lange musste er sich hier oben noch verstecken? Suchten sie ihn überhaupt? Konnte er diesen Unterschlupf vielleicht bald aufgeben? Was würde ihn dort unten erwarten? Hatte er sich durch sein Wegbleiben noch verdächtiger gemacht? Hatten sie mittlerweile die Explosion untersucht? Gab es einen Täter? Oder war es ein Unfall? Wie ging es Gerd?

Traurig griff er zu seinem nutzlosen Handy, das sich schon nach wenigen Stunden ausgeschaltet hatte. Da er hier oben nicht geortet werden wollte, hatte er vorsichtshalber den Akku entfernt. Wie gerne würde er seinem Bruder, der sich bestimmt Sorgen um ihn machte, ein Lebenszeichen von sich geben. Seit Beginn ihrer Reise, war Khaled immer besorgt um ihn gewesen und hatte sich um alles gekümmert. Die Eltern erwarteten dies von ihrem ältesten Sohn. Auch wenn er manchmal gerne allein über manche Dinge entschieden hätte - im Moment fehlten ihm die oftmals klugen Ratschläge seines Bruders.

Am meisten jedoch vermisste er Sophie. Was sie wohl gerade machte? Wie so oft stellte er sich auf die Zehenspitzen und lugte durch die Luftschlitze, um einen Blick auf ihr Elternhaus zu werfen. Gestern hatte er sie kurz im Wintergarten gesehen. In dem Moment wäre er am liebsten sofort zu ihr hinuntergesprungen.

19

Auf dem Weg

„Wann hast du es?“

„Heute Abend, wohl.“

„Er soll vorsichtig sein!“

„Is klar.“

„Weitere Komplikationen können wir beide nicht gebrauchen.“

„Mach dir keine Sorgen! Et hätt noch immer jot jejange!“

Am anderen Ende erklang ein vernehmliches Räuspern.

„Is noch wat?“

„Da … da gibt es noch ein Bild … eins von Förster … ganz in der Nähe.“

„Wo?“

„In der Kirche. Auf dem Orgelboden.“

„Un’ dat willste auch haben?“

„Das wird niemandem fehlen … so abseits wie das hängt.“

„Hm … so langsam wird die Sache escht kompliziert, mein Bester. Da hoff ich schon, dat der Antrag hundertprozentisch durschgeht …“

„Wird er, wird er! Mach dir keine Sorgen. Der gute Prinzling ist mir noch was schuldig.“

„O.k. … jut … kann man da denn einfach so rein?“

„Mit meinem Universalschlüssel schon.“

„Dann sieh mal zu, dat die Hütte heute Abend offen is.“

*

„Alle kommen mit!“ Yassir duldete keine Widerrede.

„Wieso denn?“, entgegnete Amir, der ausgestreckt auf seinem Bett lag. „Ich hab aber keine Lust.“

„Los, Amir!“, rief Khaled von der unteren Etage nach oben. „Mach schon!“

„Der freundliche Herr Kloss hat extra gesagt, dass er alle Hausbewohner kennenlernen möchte. Es ist sehr nett von ihm, uns einzuladen.“ Unerbittlich stand Yassir am Treppenabgang und wartete darauf, dass sich seine Mitbewohner endlich fertigmachten. Seit dem unerfreulichen Tag auf der Polizeiwache mit diesem strengen Kommissar und dem sogenannten „Salafismus-Experten„ wollte er jeglichen Konflikt mit anderen Deutschen unbedingt vermeiden.

„Los, Bruder!“, forderte ihn Hasan auf, der bereits fertig umgezogen neben Yassir stand. „Du kannst jeden Tag hier rumliegen und die Wand anstarren.“

Schwerfällig erhob sich Amir vom Bett. Fast in Zeitlupe zog er sich seine besten Sachen an: ein von ihm selbst gebügeltes blau-weiß-gestreiftes Hemd, dunkelblauer Pullunder, schwarze Anzughose. Es hatte ihn Überwindung gekostet, die gut gemeinten Kleiderspenden der Nachbarn anzunehmen. Die Rolle des bedürftigen Bittstellers gefiel ihm gar nicht. Genauso wenig wollte er sich unter ihm unbekannte Leute mischen. Die meisten Deutschen behandelten ihn freundlich, dennoch war ihr Verhalten ihm fremd. Er kannte es nicht, dass man Frauen zur Begrüßung die Hand oder Wangenküsschen gab oder sie sogar umarmte. Das war in seinem kleinen Dorf in der Nähe der jordanischen Grenze nicht üblich. Dort ging es traditionell zu. Ein Mann musste gut für die Familie sorgen. Die Frau hatte ihre Aufgaben im Haus und bei den Kindern. So hatten es auch seine Eltern gehalten. Gerne würde er seiner Familie ein sorgenfreies Leben ermöglichen und sie endlich aus ihrem

Zufluchtsort in Algerien zu sich nach Deutschland holen. Auf seine Nachfrage hin war ihm hier bereits eine Containerunterkunft für seine Frau und die drei Kinder angeboten worden. Aber es behagte ihm nicht, dass sich seine Familie das Bad und die Küche mit anderen teilen sollte. Seine Sehnsucht wuchs jeden Tag, trotzdem wollte er ihnen einfach mehr bieten als einen Container. Außerdem fiel ihm die Sprache nach wie vor sehr schwer. Warum musste er Deutsch lernen? Er hatte immer als Handwerker gearbeitet und sich nie um andere Sprachen kümmern müssen. Kein Ton würde am heutigen Abend aus seinem Mund kommen!

*

Die Dunkelheit stank nach abgestandenem Wasser, Chlor, Desinfektionsmitteln und Sickergrube. Mit all seiner Kraft rüttelte Alex an der Tür, die eigentlich aus der Dusche herausführen sollte. Auf den Gängen davor herrschte lautes Durcheinander. Wütende männliche Stimmen drangen an sein Ohr. Mit Eisenstangen schlugen sie auf Türen und Wände ein.

Wie hatte es soweit kommen können? Gerade heute! Der Streit hatte verhältnismäßig harmlos begonnen. Zwei syrische Bewohner hatten sich bei seinem aus Marokko stammenden Kollegen Ghali über eine Gruppe Afghanen beschwert, weil sie wieder einmal die Duschköpfe abgeschraubt hätten. Da dies in letzter Zeit häufiger vorgekommen war, hatte er zum Ende seiner Schicht den Kollegen zum Ort des vermeintlichen Vergehens begleitet, um die Vorwürfe zu überprüfen. Leider hatten sich, von allen unbemerkt, die Beschuldigten ebenfalls zu den Waschräumen begeben. Innerhalb kürzester Zeit war die gesamte Situation aus dem Ruder gelaufen: Wie von Zauberhand hatten sich zu den beiden Syrern weitere aufgebrachte Landsleute gesellt. Auf der anderen Seite des engen Ganges wurden sie von etwa sieben afghanischen Bewohnern erwartet. In lauten Wortgefechten warfen die einen den anderen vor, Geld fürs Duschen verlangt zu haben. Das wurde lautstark abgestritten. Zunächst abwartend standen Alex und sein Kollege wie menschliche Prellböcke in der Mitte. Wütende Beschimpfungen auf Englisch, Arabisch, Farsi und auch Deutsch flogen durch die aufgeladene Luft. Bevor sie zu ihrem Handy greifen konnten, um Verstärkung anzufordern, wurde es ihnen brutal aus der Hand geschlagen. Dann war alles ganz schnell gegangen: Kräftige Arme schubsten sie in jeweils eine der Nasszellen und verriegelten diese von außen mit dem Schlüssel. Gefangen in der übelriechenden Dunkelheit konnten sie den Kämpfen vor den Türen nur tatenlos zuhören. Alex war der Verzweiflung nahe. Warum mussten die sich ausgerechnet den heutigen Abend für ihre Streitereien aussuchen? Er hatte noch einen Job zu erledigen! Hoffentlich zum letzten Mal …

Endlich! Nach einer gefühlten Ewigkeit ertönte das erlösende Geräusch von herannahenden Sirenen. Noch nie in seinem Leben hatte er sich dermaßen über das Eintreffen der Polizei gefreut. Nachdem sich draußen der Aufruhr ein wenig gelegt hatte, rüttelten er und sein Kollege mit aller Kraft an ihren Türen. Kurz darauf drehte sich ein Schlüssel im Schloss und Alex sah in die Augen eines uniformierten Polizeibeamten.

„Sind Sie verletzt?“

„Nein. Mir geht’s gut, danke“, entgegnete Alex. Sofort preschte er auf den Gang, um sein Handy zu suchen. Ihm blieb keine Zeit für langwierige Verhöre. Die Beamten hatten mittlerweile auch Ghali befreit und eilten ihren Kollegen zur Hilfe, die hinter dem ehemaligen Baumarkt nach den flüchtigen Unruhestiftern suchten.

„Hey!“, flüsterte es aus einer weiteren Duschkabine.

„Ja?“, fragte Alex und ging auf den Türspalt zu.

Ein verängstigtes Augenpaar sah ihn schüchtern an. Der junge Mann reckte ihm etwas entgegen. „Dein Handy?“

Erstaunt griff er nach dem Telefon, auf dessen Cover unverkennbar ein pinker Totenkopf prangte und besah es von allen Seiten. Zum Glück war das Gerät intakt.

„Auf Boden“, stammelte der asiatisch aussehende Flüchtling, der nun auf den Gang getreten war. Alex erkannte ihn. Er gehörte zu jenen Bewohnern, die immer ihre Hilfe anboten, wenn etwas transportiert, gereinigt oder repariert werden musste. „Ich besser Handy nehmen.“

„Vielen Dank!“, raunte Alex ihm zu, während er hektisch seine Nachrichten checkte. Vor über anderthalb Stunden war eine knappe WhatsApp eingegangen:

„Los!"

20

Im Visier

Schluss … aus … vorbei … Feierabend … Ende Gelände! Die Scheißterroristen müssen hier weg. Endgültig! Schon lange genug besetzen die elendigen Schmarotzer das Gemeindehaus. Man muss sich von denen doch nicht alles bieten lassen. Kommen hierher - in unser Land - und machen sich überall breit. Einer muss dem Spuk ein Ende bereiten! Einer muss es in die Hand nehmen. Sonst …

Schon eine ganze Weile hockte er am Rande des geteerten Vorplatzes und beobachtete das hohe Gebäude. So viele Jahre ist er hier ein- und ausgegangen. Er war wütend. Richtig wütend! Er konnte nicht mehr anders. Die Kerle dort oben waren schließlich schuld daran, dass Gerd im Krankenhaus lag. Warum hatte dieses faule Pack an dem Tag nur verschlafen? Warum hatten sie nicht einfach das getan, was man von ihnen verlangt hatte? Sie waren dafür verantwortlich, dass alles aus dem Ruder gelaufen war. Jetzt konnte er nicht länger still halten. Er musste etwas tun. Für den armen Gerd, der immer noch im Krankenhaus lag, würde er endlich ein Zeichen setzen.

Mit einstudierten Bewegungen wickelte er einen Stofffetzen um jede Pfeilspitze und tränkte diese in die Dose mit Brennspiritus. Seine Hände bekamen dabei ein paar Tropfen ab. Dann begann der schwierigste Teil der Mission: Kaum würde der Pfeil brennen, musste er ihn zielgenau abschießen. Zum Glück stand das Dachfenster offen. Routiniert spannte er den Bogen und ließ die Sehne los. Es zischte leise, als der erste Pfeil durch die Abendluft flog. Leider verfehlte dieser sein Ziel und prallte an der oberen Hauswand ab. Auch die nächsten beiden Versuche misslangen. Mit höchster Konzentration visierte er sein Ziel erneut an. Da! Endlich getroffen! Zum Glück konnte er ein lautes Triumphgeheul gerade noch unterdrücken. Der brennende Pfeil wurde vom Fenster verschluckt und verschwand lautlos im Haus. Das soll denen eine Lehre sein! Nicht alle wollen diese Terrorzelle hier in ihrem schönen Dorf haben. Mit einem befriedigten Lächeln packte er eilig seine Ausrüstung zusammen. Das geschah ihnen recht!

*

Wieder parkte Alex den kleinen schwarzen Wagen gegenüber vom Friedhof. Hektisch sprang er aus dem Auto und rannte zum Gebäude hinüber. In seiner Eile bemerkte er nicht den menschlichen Schatten, der sich hastig hinter einer Hecke versteckte. Auch der in der Nachtluft hängende, penetrante Gestank nach brennendem Benzin drang nicht zu seiner Nase vor. Mit den Schlüsseln vom letzten Mal verschaffte er sich erneut Zutritt über die grüne Seitentür und schlich leise die Treppe hinauf. Beim Öffnen des Billardraums in der ersten Etage fiel ihm ein leichter Brandgeruch auf. Ohne sich die Schuhe auszuziehen eilte er die Treppenstufen empor. Der Brandgeruch wurde stärker. In der Nähe des offenen Fensters entdeckte er einen Papierkorb aus Metall, in dem verkohlte Aschereste lagen. Als er den Korb anfasste, entfuhr ihm ein unterdrückter Schmerzenslaut. Das Metall war glühend heiß. Instinktiv eilte er hinüber zur Küchenzeile und drehte den Wasserhahn auf. Langsam ließ der Schmerz nach. Was war hier geschehen? Die Männer mussten schon mehrere Stunden beim Chef zu Gast sein. Was hätte alles passieren können, wenn nicht nur der Inhalt des Eimers gebrannt hätte? Dieses alte Gebälk hätte dem Feuer reichhaltige Nahrung geboten.

Mit einem Geschirrhandtuch trocknete er sich die Hände ab und wandte sich endlich der Abseite zu. Vom letzten Besuch erinnerte er sich an ein großes, von einem Tuch verhängtes Bild. Am Oberschenkel spürte er ein Vibrieren. Ungeduldig holte er sein Handy hervor und las:

„Fertig?"

„Gleich"

„Wenn du im Auto bist, sofort melden!"

*

Wenige Augenblicke nachdem der unerwartete nächtliche Eindringling im Haus verschwunden war, stahl er sich aus seinem Versteck und sah sich um. In der Nähe des Eingangs fiel ihm ein prall gefüllter Aschenbecher ins Auge. Ohne einen Gedanken an den Dreck zu verschwenden, griff er mit einem seiner Stofffetzen nach ein paar der Zigarettenstummel und steckte diese in eine der äußeren Taschen seines ausgebeulten Rucksacks. Danach verließ er so unauffällig wie möglich das Gemeindegelände und schlich langsam die Straße hinauf in Richtung Dorfkern. Zu seinem Bedauern ergab ein prüfender Blick zurück, dass der treffsichere Pfeil noch keinen größeren Brand ausgelöst hatte. Verdammt! Was wollte dieser dämliche Typ denn um diese Zeit im Gemeindehaus? Wie ein Scheißflüchtling hatte der nicht ausgesehen.

Auf der rechten Seite zeigten die Zeiger des alles überragenden Kirchturms elf Uhr an. Ein dunkler Schatten flog durch die Luft darauf zu. Falken. Vor ein paar Jahren hatten sie noch versucht, die Viecher mit Steinen vom Himmel zu holen, erinnerte er sich. Aus einer spontanen Laune heraus.

Einfach so. Als Mutprobe. Seiner Exfreundin hatte das damals gar nicht gefallen. Schon wieder stand er vor ihrem Haus. Dort oben unterm Dach befand sich ihr Zimmer. Wie oft war er bei ihr gewesen. In ihrem Bett! Und jetzt? Jetzt wollte sie noch nicht einmal mehr mit ihm reden. Was hatte sie gestern noch gesagt? „Versteh doch endlich, dass es vorbei ist!“ Ihre Worte hatten ihn getroffen wie harte Schläge in sein Herz. Er verstand es nicht. Das konnte nicht sein! Sie gehörten doch zusammen - schon immer! Seit der Grundschule. Seit dem gemeinsamen Konfirmandenunterricht. Nur ihr zuliebe hatte er in diesem Jahr wieder als Teamer mitgemacht. Obwohl er eigentlich überhaupt keinen Bock mehr auf diese Histoscheiße hatte. Das Kirchengeseihere ging ihm schon lange auf den Geist. Aber er wollte unbedingt in ihrer Nähe sein. Der Beziehung eine neue Chance geben.

„Wir passen einfach nicht zusammen!“, hatte sie ihm einen weiteren Stich versetzt. „Lass uns die alten Zeiten gute alte Zeiten sein lassen.“

Während er vor ihrem Fenster stand, rief er sich noch einmal ihre letzte Unterhaltung ins Gedächtnis.

„Hast ’n Neuen?“, hatte er sie in seiner Verzweiflung direkt gefragt.

Ihr Zögern bestätigte seinen Verdacht.

„Wen denn?“

„Ist doch egal“, winkte sie ab.

„Das ist mir gar nicht egal!“ Wieder stieg eine fast unkontrollierbare Wut in ihm hoch. „Ein Typ von der Uni?“

„Nein.“

„Party?“

„Nein.“

„Jemand von hier?“

„Jetzt hör auf. Ist doch echt egal.“

„Also hab ich recht, es ist jemand von hier!“ Er hatte nur

kurz überlegen müssen. Hier draußen waren die Möglichkeiten begrenzt. In derselben Altersgruppe kannte jeder jeden. Da fiel es ihm wie Schuppen von den Augen. „Der Araber!“ Die Erkenntnis versetzte ihm einen heftigen Schlag in die Magengrube. In dem Moment war ihm alles klar geworden. Wie oft hatte er seine Exfreundin im fröhlichen Gespräch mit diesem Ausländer gesehen. „Der Wüstensohn. Wie schön für dich. Am besten heiratest du ihn gleich. Pass bloß auf, dass er nicht plötzlich drei Weiber neben dir hat!“

„Hör endlich auf. Lass mich in Ruhe! Ich will nicht mehr mit dir reden. Du widerst mich an!“

Die Gedanken an ihre letzten Worte steigerten seine Wut ins Unermessliche. Sollte sie doch sehen, was sie davon hatte. Das Flittchen war selbst schuld! Mit ’nem Araber! Einem dahergelaufenen Flüchtling. Entschlossen setzte er seine Tasche auf dem Rasen ab. Wie in Trance entnahm er einen weiteren Pfeil und tränkte das mit Stoff umwickelte Ende noch einmal in die Dose mit dem Brennspiritus. Dann holte er ein Feuerzeug aus der Hosentasche und entzündete den feuchten Stoff. Sofort fing das Ende des Pfeils Feuer. Wie in Zeitlupe - als hätte jemand die Slowmotiontaste gedrückt - richtete er sich zu seiner vollen Größe auf und spannte den brennenden Pfeil in den Bogen ein. Hochkonzentriert visierte er das offenstehende Dachfenster an und zog die Sehne zurück. Beim Loslassen wusste er instinktiv, dass der Pfeil sein Ziel nicht verfehlen würde. Mit einem leisen Surren verschwand er durch das geöffnete Fenster in Sophies Zimmer. Langsam ließ er den Bogen sinken und musste enttäuscht feststellen, dass sich das erhoffte Glücksgefühl nicht bei ihm einstellen wollte. Das änderte sich auch nur geringfügig, als er einen Teil des Inhalts der äußeren Rucksacktasche an seinem Standort verteilte.

21

Im Stegelviertel

Unwohl. Amir fühlte sich unwohl mit Schuhen im Haus. Vor allem da es sich um ein schönes Haus handelte. Das musste doch vor dem Schmutz anderer Menschen, der Straße, vor Tieren beschützt werden. Wäre er selbst der Besitzer dieser Räume mit edlen Tapeten und Terracottafliesen, dann ließe er ganz sicher niemanden mit schmutzigen Straßenschuhen herein. Dafür wären ihm die eleganten und bestimmt teuren Möbel viel zu schade. Das dunkle Holz der wuchtigen Stühle und des Tisches im Wintergarten glänzte, als wären es soeben poliert worden. Die Skulpturen von überwiegend nackten Frauen sahen wertvoll aus, auch wenn ihm diese Art Kunst nicht gefiel. Herr Kloss musste ein reicher Mann sein. Sie tranken ihr Wasser aus aufwendigen Kristallgläsern, die ihnen immer wieder von einer jungen Hausangestellten gefüllt wurden. Yassir ließ sich, wie der Gastgeber, Wein einschenken. Während Amir es vermied, die Frau mit ihrem unverhüllten Haar direkt anzusehen, schienen seine Mitbewohner offensichtlich weniger Probleme mit dieser Kultur zu haben. Wie lange mussten sie wohl noch bleiben, um nicht unhöflich zu erscheinen?

„Noch ein bisschen Hühnerfrikassee?“, fragte Herr Kloss in die Runde. Nach einer guten Stunde Smalltalk sowie einer ausgiebigen Führung durch Haus und Garten hatte er seine Gäste endlich zum Essen an die festlich gedeckte Tafel gebeten.

„Nein, danke“, winkte Yassir höflich ab.

„Haben Sie etwa keinen Hunger?“

„Es ist sehr lecker“, lobte Hasan das Essen.

„Dat freut misch.“ Zum Glück hatte ihm der Koch vom Landhus zu Huhn geraten. Die mit allen erdenklichen Gerätschaften ausgestattete Küche wurde auch von seiner Freundin Nathalie lediglich zum Kaffeekochen und zum Frühstück genutzt.

„Dann machen Se mal keine Fisimatenten, meine Herren. Hier kannste futtern wie bei Muttern!“

„Wat mutt dat mutt!“, kommentierte Yassir. Er bemerkte, wie Roland Kloss zum wiederholten Male nervös auf sein Handy starrte.

Als sie nach einer weiteren Stunde vor ihren halb leer gegessenen Dessertschüsselchen saßen - bei der roten Grütze mit Vanillesauce war für Yassirs Geschmack zu stark am Zucker gespart worden - schlug Herr Kloss vor, vom Wintergarten ins angrenzende Wohnzimmer umzuziehen.

„Vielleischt ham Se Lust auf ’nen Film? Bei mir herrscht ja fast Kinoatmosphäre ... Leider ohne Popcorn!“

Sie ließen sich auf den wuchtigen Loungesesseln nieder und starrten abwartend auf den überdimensionalen Flachbildschirm an der rauverputzten Wand.

„Wenn Se möschten, könnt isch Ihnen mein neues *Dolbysurroundsystem* demonstrieren. Dat is der Hammer!“

Yassir beobachtete seine Mitbewohner. Amir saß an der äußersten Kante seines Sessels, als wäre er kurz davor aufzubrechen. Hasan freute sich über die Abwechslung und lächelte fröhlich.

„Sehr gerne“, entgegnete Khaled. Als studierter Ingenieur interessierte er sich immer für technische Dinge.

„Wenn es keine Umstände bringt“, sagte Yassir und lehnte sich zurück.

Nach einem weiteren prüfenden Blick auf sein Handy machte sich Herr Kloss am Fernseher und den diversen

Decodern zu schaffen.

„Jetzt müssten wir uns nur noch auf 'nen gemeinsamen Film einigen. Wat gucken Se denn gern?"

Sie sahen sich fragend an.

„Na also … Komödie … Action … Liebesfilme?"

„Eine … Komödie vielleicht", schlug Yassir vor.

„Oder doch besser wat mit Liebe. Kennen Se *Fifty Shades Of Grey?*", erkundigte sich Herr Kloss und grinste dabei anzüglich.

„Dieser Film war in Syrien sehr kurz", bemerkte Yassir mit unbewegter Miene.

„Wieso dat denn? Hier steht … Moment … 125 Minuten."

„Sie müssen wissen: Jede Szene mit Liebe bei uns wird geschneiden … entschuldigen Sie … geschnitten."

„Aha. Dann entgeht Ihnen ja 'ne Menge", bemerkte Herr Kloss grinsend.

„Das ist unsere Religion. Und unsere Kultur. Wir sind Moslems und Araber", erklärte Khaled ernst.

„Aber, Sie kommen doch aus Syrien." Herr Kloss tat erstaunt. „Isch dachte, Arabien is woanders."

„Syrien ist ein Staat, der künstlich geschafft ist", stellte Yassir fest.

„Man liest aber doch immer wieder, dat Damaskus die älteste Stadt der Welt is …"

„Das ist auch richtig", pflichtete Yassir ihm bei. „Aber Syrien von heute ist nicht Syrien wie früher. Vor viele Jahre wurde den Arabern versprochen, dass nach Ende von Krieg gegen Osmanisches Reich sie haben ein großarabisches Reich."

„Wer hat ihnen dat versprochen?"

„Die Engländer und die Franzosen." Er lächelte bitter. „Aber ihre Geologen haben gefunden sehr viel Öl bei uns.

Dann haben sie das Idee schnell vergessen und die große Kuchen unter sich aufgeteilt: Die Briten bekommen Irak, Israel und Jordanien. Frankreich hatte ein Protektorat in Syrien und Libanon." Yassir atmete tief ein, bevor er weitersprach. „Sie müssen wissen: Viel Leid ist im Öl. Alle Länder wollen viel Geld und viel Macht. Das ist großes Problem."

„Die Menschenreschte bei eusch da unten liegen aber auch ziemlisch im Argen, oder?"

„In unsere Ländern nicht alles ist in Ordnung. Viele Araber sind enttäuscht. Der Westen hat nicht eine Moral, sondern oft zwei. Doppelmoral. Sie haben immer Wirtschaft Interesse. Wenn westliche Politiker bei uns fragen nach Menschenrechte, wollen sie immer eins: Öl."

Yassirs Ausführungen wurden durch ein lautes Vibrieren in Roland Kloss' Hosentasche unterbrochen. Eilig zog er es heraus, starrte auf das Display und tippte sofort eine Antwort. Yassir hatte den Eindruck, als wäre eine große Last von den Schultern ihres Gastgebers gefallen. Geradezu erleichtert steckte dieser das Telefon wieder in die Tasche und wandte sich seinen Besuchern zu. Amir gähnte hinter vorgehaltener Hand.

„Meine Güte, wie die Zeit vergeht! Isch hab Se sischerlisch viel zu lange aufjehalten. Wahrscheinlisch sind Se hundemüde." Er sah auf die Wanduhr. „Et is ja auch schon nach elf."

22

In Gefahr

Die Straße lag wie ausgestorben unter ihm. Anstatt zu schlafen, starrte Ferhad angestrengt durch die Luftschlitze in die Stille der Nacht. Vor wenigen Stunden waren sein Bruder und die anderen hier vorbeigelaufen. In ihren besten Klamotten. Man hatte sie also nicht verhaftet. Wenigstens das. Wo die Vier wohl hinwollten? Es kam nicht oft vor, dass sie abends lange wegblieben. Einmal hatte Erne sie zu sich und ihrem schweigsamen Mann eingeladen. Zweimal hatte Benjamin, der junge Pastor aus Ochsenwerder, sie abgeholt. Zu Flüchtlingsveranstaltungen seiner Freundin Nina. Einerseits freuten er und seine Mitbewohner sich immer über ein wenig Abwechslung, andererseits fühlten sie sich bei solchen Terminen manchmal wie seltene Tiere im Zoo. Schöne Menschen in teurer Kleidung lächelten sie den ganzen Abend gütig an und stellten oft merkwürdige Fragen. Manche waren sehr nett und erstaunlich gut informiert, andere sprachen mit ihnen wie mit ungebildeten Kindern. Amir hatte ihm einmal gesagt, dass er das gar nicht mochte. Er wollte eigentlich immer lieber seine Ruhe haben und sich wenig auf die Menschen in der neuen Umgebung einlassen. Seine ganze Hoffnung schien sich allein darauf zu richten, dass der Alptraum bald vorüberzog und er endlich sein altes Leben wiederhaben konnte.

Fast automatisch heftete sich Ferhads Blick auf das Haus von Sophie. Am frühen Abend hatte er sie dort hinein- aber nicht hinausgehen sehen. Wahrscheinlich lernte sie mal wieder für die Uni. Seine Sophie. Seine süße Sophie! Ob sie auch glaubte, dass er etwas mit der Explosion zu tun hatte? Dass er ein dreckiger Islamist war? Wie die Männer es vor ein paar Tagen bei den Toiletten gesagt hatten? Dass sie die Kinder in Gefahr gebracht hätten! Die Kinder? Niemals würde er ihnen auch nur ein Haar krümmen. Viel zu gerne spielte er mit den Kleinen. Ständig erinnerten sie ihn daran, dass seine unbeschwerte Kindheit noch nicht allzuweit zurücklag.

Wie aus dem Nichts tauchte eine Gestalt auf, die mit eiligen Schritten vom Gemeindehaus die Straße hochlief. Der Gang kam ihm bekannt vor. Es musste ein Mann sein. Schon immer achtete er auf Gangarten. Er konnte lange Zeit an einem Ort verharren und die unterschiedlichen Bewegungsarten von Menschen beobachten. Sophie war sehr schlank und bewegte sich leichtfüßig. Keine erdrückenden Sorgen schienen ihre schmalen Schultern zu belasten. Der nächtliche Spaziergänger hingegen stampfte aufgeregt die Straße entlang. Sein schwerfälliger Gang lag wahrscheinlich nicht nur am Rucksack, den er auf den Schultern trug. In unregelmäßigen Abständen sah er sich um. Hatte er Angst vor einem potenziellen Verfolger? Angestrengt lugte Ferhad durch die Luftschlitze. Jetzt wurden die Schritte langsamer. Er hielt an. Genau vor Sophies Haus. Was wollte er dort? Nach einer Weile zog er die Kapuze seiner Jacke etwas tiefer ins Gesicht und blickte sich nochmal zu allen Seiten um. Dann huschte er rechts um das Gebäude herum, bis er nicht mehr zu sehen war. Ferhad streckte sich einmal kurz, um kurz darauf seinen Beobachterposten wieder einzunehmen. Für eine Weile passierte nichts. Hinter ihm quiekte es freudig. Der Falkenvater war mit nächtlicher Beute heim ins Nest gekehrt. Ferhads Magen knurrte beim Gedanken an ein frisch zubereitetes Mahl. Nachdem sich die kleinen Küken beruhigt hatten, war von der anderen Straßenseite auf einmal ein zischend-surrendes Geräusch zu vernehmen. Als würde etwas Leichtes mit hoher Geschwindigkeit durch die Nachtluft fliegen. Zusätzlich waren Funken zu erkennen. Ein Feuerschweif, der ihn an eine Sternschnuppe denken ließ. Jedoch flogen diese in der Regel nicht von unten nach oben. Erschrocken hielt er inne. Keine Sternschnuppe! Das war ein brennender Stock! Oder ein brennender Pfeil, der geradewegs im Dach des gegenüberliegenden Hauses verschwunden ist. Auf der Seite lag doch Sophies Zimmer! Und wenn der Pfeil …?

Für einen kurzen Augenblick verwandelte sich sein Körper in einen bewegungslosen Stein. Vollkommen apathisch und unfähig, einen klaren Gedanken zu fassen, verharrte er in dieser Position. Als sein Verstand nach wenigen Sekunden wieder die Arbeit aufnahm, zuckte er ruckartig zusammen. Schnell! Er hatte keine Zeit mehr zu verlieren! Sophie! Sofort musste er zu ihr! Ohne über die möglichen Konsequenzen nachzudenken, verließ Ferhad sein sicheres Versteck und stürzte wie immer rückwärts die Stufen hinunter. Das Besteigen der langen und extrem steilen Treppe war ihm mittlerweile in Fleisch und Blut übergegangen. Wenig später stand er an der Straße und sah den Kerl hastig in Richtung Dorfkern davonlaufen. Er unterdrückte den Impuls, ihn zu verfolgen, und eilte zu Sophies Haustür. Mittlerweile war es ihm vollkommen egal, ob er sich in Gefahr begab. Hektisch drückte er auf die Klingel. War die schon immer so leise? Aus dem oberen Dachfenster drang ein unangenehmer Gestank nach brennendem Kunststoff in die Nachtluft. Als ihm auch nach mehreren Versuchen nicht geöffnet wurde, überlegte er nicht lange und lief um das Haus herum zum Wintergarten. Entschlossen warf er mit dem größten Stein, den er finden konnte, die Scheibe der Tür ein. Beim Griff durch das entstandene Loch gelang es ihm, den von innen steckenden Schlüssel herumzudrehen und den Türgriff herunterzudrücken. Leider ritzte sich dabei ein hervorstehender Glassplitter in sein rechtes Handgelenk. Ihm entfuhr ein nicht salonfähiger Fluch. Darum würde er sich später kümmern müssen. Das aus der Wunde tropfende Blut fiel ihm nicht weiter auf. Wo steckte Sophie? Warum hatte sie ihn nicht gehört? Auf dem Weg ins obere Stockwerk stieg ihm beißender Brandgeruch in die Nase. Er nahm immer zwei Stufen auf einmal. Nach der dritten Tür fand er endlich Sophies Zimmer. Grauer Rauch erfüllte den Raum. Das in eine Dachschräge eingebaute Fenster lag direkt gegenüber der Tür. Es stand offen. Darunter brannte etwas lichterloh. Ein Teppich. Es roch nach Benzin und verschmortem Kunststoff. Auf der rechten Seite lag Sophie in ihrem Bett und schien zu schlafen. War sie etwa bewusstlos? Ohne nachzudenken, griff sich Ferhad eine Wolldecke von ihrem Fußende und schlug damit auf den brennenden Teppich ein. Der Fußboden darunter sah aus wie Holz, hatte aber glücklicherweise bis jetzt noch kein Feuer gefangen. Seine Atemwege schmerzten, während er die Brandstelle immer wieder mit entschlossenen Schlägen bearbeitete. Endlich wurden die Flammen kleiner, bis irgendwann nur noch eine winzige Glut übrigblieb, die nach wenigen letzten Hieben erlosch. Mit einem Ärmel wischte er kurz über sein heißes Gesicht. Jetzt raus hier. Vorsichtig legte er sich Sophies schlaffen Körper über die Schulter und eilte die Treppe hinunter.

23

In der Nase

„Warum mussten wir so lange dort bleiben?“, stöhnte Amir. Missmutig schlich er die leere Straße entlang.

„Weil Herr Kloss ein sehr gastfreundlicher Mann ist“, entgegnete Yassir.

„Und warum wollte er zuerst noch diesen Film gucken und dann mussten wir gehen?“, bekundete Hasan seine Enttäuschung. „*Fifty Shades Of Grey* hätte mich schon mal interessiert. In voller Länge!“

„Brüder“, schaltete sich Khaled ein. „Yassir hat recht. Es war sehr nett von dem Mann, uns einzuladen.“

Ihr Weg führte die Gruppe durch das Geschäftsviertel von Neuengamme. Die kleinen Läden für Bekleidung, der Optiker, der Frisör und der Partyservice erinnerten sie an die Einkaufsgassen in den Städten ihrer Heimat, die jedoch deutlich längere Öffnungszeiten hatten.

Yassir deutete auf die symmetrisch angeordneten Blumenbeete vor einem alten Haus: „Die verstehen etwas von Organisation die Deutschen. In Reih und Glied werden die Blumen gepflanzt. Wie beim Militär!“

„Ich finde das schön“, bemerkte Hasan mit Blick auf das Fachwerkhaus. „Viele Häuser hier sehen aus wie im Märchen.“

„Sie haben keine Palmen … und keine Orangenbäume … Das ist nicht schön“, nuschelte Amir mit düsterem Gesichtsausdruck. „Es riecht auch nicht nach Jasmin.“

„Das stimmt. Blühender Jasmin im Frühling …“, erinnerte sich Hasan.

Beim Frisör bog die kleine Gruppe in den Feldstegel ein, der direkt zu ihrem vorübergehenden Zuhause führte. Je näher sie dem Kirchturm kamen, desto mehr stieg ihnen ein unangenehmer Geruch in die Nase.

„Irgendwo hat es hier gebrannt“, stellte Yassir fest.

„Das kann noch nicht lange her sein“, bestätigte Khaled.

„Hier riecht es fast jeden Tag nach Feuer. Irgendwas wird hier doch immer verbrannt.“

„Kannst du dich noch an zu Hause erinnern, Amir?“, fragte Yassir ohne aufzublicken. „Wann hat es denn mal nicht gestunken? Nach Feuer! Nach brennenden Häusern! Nach Blut! Nach Sterben!“

Schweigend setzten sie ihren Weg fort. Wie immer ließ sich Amir auf keine Diskussion mit Yassir ein. Die anderen waren zu müde und sehnten sich nach ihrem Bett. Als sie langsam die Treppen des Gemeindehauses emporstiegen und in ihrem Dachgeschoss ankamen, bemerkte Khaled als Erster, dass es auch in ihrer Wohnung verbrannt roch.

„Was ist das?“, rief er aufgeregt in die Runde.

„Was ist heute Abend nur los? Überall stinkt es gleich!“, entgegnete Hasan und suchte ihren Wohnbereich fieberhaft nach der Geruchsquelle ab. Auch Khaled und Yassir sahen sich überall suchend um.

Es schepperte. Amir war über den umgekippten Papierkorb in der Nähe des Dachfensters gestolpert.

„Aua!“

Sofort stürmten alle zu ihm und entdeckten die Aschereste neben dem umgekippten Eimer. Bestürzt sahen sie sich an.

„Hier wollte jemand Feuer legen …“, sagte Amir aufgeregt, „… in unserem Zimmer!“

„Aber wieso?“ Hasan verstand nicht.

Khaled dachte angestrengt nach.

„Wir sollten die Polizei anrufen."

„Keine Polizei!", winkte Yassir ab. Sein letztes Gespräch mit einem deutschen Polizisten war ihm nicht in guter Erinnerung geblieben.

„Aber warum nicht?", widersprach Khaled vehement. „Die Polizei in Deutschland ist besser als in Syrien. Vor allem sind sie nicht so korrupt. Denk nur an *Razan*."

Dem musste Yassir wohl oder übel zustimmen. Er erinnerte sich an den allseits bekannten Polizisten im Ausgehviertel von Damaskus. Am Ende einer Nacht konnte dieser kaum noch seine Beine heben, weil ihm jeder Zweitereiheparker mindestens fünfzig Lira zugesteckt hatte.

„O.k. Ich habe einen anderen Vorschlag." Khaled holte die Karte von Karlo hervor. „Wir rufen Ernes Chef an. Der hilft uns bestimmt weiter."

*

Auch Karlo wunderte sich über den nächtlichen Brandgeruch, als er mit seinem Fahrrad die Straße zum Gemeindehaus herunterfuhr und es auf dem leeren Vorplatz abstellte. Ihm entfuhr ein leises Seufzen. Schon wieder durfte er zu später Stunde in der Nachbarschaft nach dem Rechten sehen. Gianna schlief bereits tief und fest im kuschligen Alkoven, als ihn auf der Couch die WhatsApp Khaleds erreichte.

`„Wir brauchen Hilfe. Können Sie kommen?„`

Aufmerksam sah er sich um. Etwas weiter hinten stand ein kleines, schwarzes Auto. Ansonsten war der Parkplatz leer. Ein rauchender Bewohner des Dachgeschosses erwartete ihn bereits.

„Guten Abend!“, grüßte Hasan. Eilig entsorgte er seine Zigarette im Aschenbecher vorm Seiteneingang des Hauses. „Sie sind schnell.“

„Es hörte sich dringend an.“

„Kommen Sie, bitte.“

Oben angekommen wurde er diesmal nicht mit einem Obstteller und einem Glas Tee empfangen. Sichtlich nervös zeigte ihm Khaled die Aschereste.

Karlo sah vom Metalleimer zum geöffneten Fenster und drehte sich dann wieder zu den Männern um.

„Und Sie haben nichts davon mitbekommen?“

„Wir waren weg.“

„Und wo?“

„Bei Herrn Kloss.“

„Roland Kloss?“ Natürlich kannte Karlo den wohlhabenden Mann aus Neuengamme. Erne berichtete regelmäßig von dessen extrem jungen Freundinnen und sonstigen Exaltiertheiten. In ihren kritischen Augen galt der Zugezogene als typischer Emporkömmling.

„Wir kommen zurück und sehen das in Papierkorb." Khaled machte eindeutige Riechgeräusche mit seiner Nase.

„Sie haben den Brandgeruch bemerkt.“

„Ja.“

Karlo sah von einem zum anderen und ließ anschließend seinen Blick durch den Raum schweifen.

„Und? Fehlt was? Ist irgendetwas anders als sonst?“

„Ich glaube nicht“, antwortete Khaled.

„Doch! Etwas ist anders!“, warf Yassir ein. „Im Waschbecken waren viele Wassertropfen! Heute wir haben geputzt und alles trocken.“

„Wassertropfen?“, fragte Karlo nach. Die Männer schwiegen. Von außen drang nur der leise Ruf einer Eule herein. „Es tut mir wirklich leid, aber irgendetwas stimmt hier nicht. Und zwar ganz gewaltig!“

Betreten sahen die vier Männer zu Boden.

Karlo atmete hörbar aus. „Ach ja, ich wäre morgen sowieso vorbeigekommen, weil … dieser Kuchen … der wurde mit einem ziemlich starken Schlafmittel beträufelt.“ Tobias hatte ihm am noch Abend die Untersuchungsergebnisse des Labors mitgeteilt.

„Betraufet?“, fragte Yassir verständnislos nach.

„Beträufelt. Das heißt, jemand hat ein Schlafmittel auf den Kuchen gegeben.“ Er verdeutlichte den Vorgang mit einer anschaulichen Handbewegung. „Jetzt stellt sich uns allen hier die entscheidende Frage nach dem Warum?“

„Warum wir sollen schlafen?“, fragte Khaled aufgeregt nach. „Warum ist Ferhad weg? Was macht hier der Mann?“

„Und die Schuhe?“, wandte Yassir ein.

„Warum Asche in Mülleimer?“, wollte Hasan wissen.

Karlos Gedanken kreisten in einer rasanten Geschwindigkeit durch sein müdes Gehirn. Er musste zugeben, dass es in diesem Fall eindeutig zu viele offene Fragen gab. Niemals hätte er von sich erwartet, dass er einmal diesen Satz aussprechen würde: „Wir rufen den Kommissar an. Der wird am besten wissen, was zu tun ist.“

24

In der Kirche

Wo sollten sie nur hin? Ferhad ließ seinen Blick den Turm hinaufwandern. Beim besten Willen sah er sich nicht dazu in der Lage, Sophie die steile Treppe hochzutragen. Ohne Bewusstsein lag sie nach wie vor in seinen Armen. Als er die Klinke des Kirchenportals herunterdrückte, öffnete es sich zu seinem Erstaunen mit einem leisen Quietschen. Zögerlich betrat er den Steinfußboden und durchschritt den Eingangsbereich, der vor einer Tür endete. Auch diese ließ sich leicht öffnen. Von dem dunklen Gang dahinter gingen zu beiden Seiten weitere Holztüren ab. Beim Betreten des hohen Kirchenschiffs musste sich seine Nase zunächst an den Geruch gewöhnen, der ihn an eine Mischung aus alter Bibliothek, muffigen Kleidern und feuchtem Waldboden denken ließ. Auf beiden Seiten des Ganges führten mehrere Holzbankreihen bis nach vorne zum Altar. Vorsichtig öffnete er die niedrige Tür zu einer der hinteren Bänke. Mit einer Hand schob er die bestickten Kissen zu einem weichen Lager zusammen und legte Sophie sanft darauf ab. Dann setzte er sich an ihren Kopf und betrachtete sie versunken. Viel zu lange hatte er sie nicht ansehen oder mit ihr sprechen dürfen. Sie war so schön. So wunderschön! Endlich konnte er wieder in ihrer Nähe sein. Sanft strich er über ihre weichen Wangen. Dabei horchte er besorgt nach ihrem regelmäßigen Atem. Während er noch darüber nachdachte, ob sie nicht besser in ein Krankenhaus gebracht werden sollte, spürte er, wie ein Zucken ihren Körper durchfuhr. Sie schlug die Augen auf und musste sofort husten. Er half ihr hoch.

Nach dem ersten kräftigen Hustenanfall sah er sich suchend um. „Warte!“ Für einen kurzen Moment ließ er sie allein in der Bank sitzen und verschwand in Richtung Ausgang. Innerhalb weniger Augenblicke kehrte er triumphierend mit zwei halbvollen Wasserflaschen in der Hand zurück.

Dankbar setzte sich Sophie eine Flasche an den ausgetrockneten Mund. Nach einigen weiteren Hustern flüsterte sie an seine Schulter gelehnt: „Du bist wieder da … aber … was ist passiert?“

So gut er konnte, erzählte er von dem Brand in ihrem Zimmer. „Ich muss mich verstecken!“

„Wieso?“, fragte sie erstaunt nach.

„Alle glauben, ich habe Explosion gemacht!“

„Was? Das denkst du?“ Sie hielt einen Moment inne. „Aber warum?“

Er berichtete von der zufällig mitangehörten Unterhaltung der beiden Männer vor ein paar Tagen.

„Was für Idioten! Die haben das bestimmt nur laut gedacht. Warum solltest du Gerd denn etwas Böses wollen?“

„Ich weiß nicht.“ Er sah unsicher zu Boden.

„Nur weil er immer wieder mal dumme Sprüche gemacht hat? Das ist doch nun wirklich kein Grund!“

Resigniert ließ er die Schultern sinken. Sophie suchte seine Augen, in denen sie unendliche Traurigkeit und Erschöpfung erkannte. Was hatte der arme Kerl nur alles durchmachen müssen! Die Eltern verlassen, eine gefährliche Flucht überstehen, eine neue Sprache lernen und nun auch noch davor Angst haben, dass man ihn hier ins Gefängnis brachte! Als sie an ihm herunterschaute, blieb ihr Blick an seinen Händen hängen.

„Ferhad! Du blutest!“

Zum ersten Mal spürte er einen stechenden Schmerz im rechten Handgelenk. Ärmel und Hose seiner ohnehin nicht besonders sauberen Kleidung waren blutverschmiert.

„Das muss verbunden werden.“ Sie sah sich um und griff schließlich zu ihrem Halstuch. „Damit wird es gehen.“ Mit sanften Bewegungen wickelte sie den notdürftigen Verband um Ferhads verletztes Handgelenk. Dann sah sie ihm lange in die Augen. „Wo warst du nur die ganze Zeit?“

„Hier.“

„In der Kirche?“

„Nein.“ Er nickte hinter sich. „Im Turm.“

„Du hast dich seit über vier Tagen dort oben im Kirchturm versteckt?“ Fassungslos starrte Sophie ihn an. Ferhad war verunsichert. Er wusste nicht, was er machen sollte. Sie sahen sich nur an. Irgendwann war es wieder da. Das Gefühl von der Bank dort draußen. Dieses Knistern. Wie in Zeitlupe baute es sich auf. Wie vor ein paar Tagen, nur wenige Meter von hier entfernt. Ganz langsam kam sie näher. Als wäre er ein Magnet und sie eine federleichte Büroklammer. Wie eine Seifenblase schien die Traurigkeit in ihm zu zerplatzen und er lächelte. Als ihre Lippen aufeinandertrafen, waren der Schmerz, die Ungewissheit, die bösen Vorahnungen, die Erschöpfung wie weggeblasen. Jetzt gab es nur noch sie beide. Sophie und Ferhad, die endlich wieder beisammen waren. Auf einer alten Holzbank. In der Kirche. Ganz eng presste sie sich an ihn. Der Kuss veränderte sich. Ihm wurde heiß. Es war so schön mit ihr. Aber auch beunruhigend. Durften sie das? Wenn sie noch mehr wollten? Zaghaft löste er sich von ihr.

Aus glasigen Augen sah sie ihn fragend an. „Was ist?“

„Wir sind in der Kirche.“ Er deutete nach vorn auf eine Jesusstatue. „Er beobachtet …“

Sophie lächelte. „Ich finde es schön hier. Mit dir. Ich fühle mich überhaupt nicht beobachtet. Wir sind doch ganz allein. Alles andere ist mir egal!“

„Aber …“

„Ich darf allein entscheiden, was ich will und jetzt will ich hier mit dir zusammen sein! Außerdem bin ich über achtzehn. “

Ferhad atmete tief aus. „Ihr deutschen Frauen seid so frei … so kompliziert frei.“

„Ich finde das ziemlich unkompliziert.“ Sie nahm seinen Kopf in ihre Hände und küsste ihn wieder sanft. Mit der Zeit wurden ihre Küsse immer fordernder. Eng umschlungen ließen sie sich auf die weichen Kissen der harten Kirchenbank sinken.

*

Ständig riecht es nach Feuer. Hier auf dem Dorf wohnen offenbar nur Pyromanen, dachte Alex genervt. Warum nimmt dieser verdammte Auftrag nie ein Ende? Hätte er man besser nicht die letzte Nachricht vom Chef geöffnet. Wieso reicht ihm der eine olle Schinken nicht? Nein - die feinen Herren können den Hals natürlich nicht vollkriegen! Was machen die nur für einen Aufstand wegen dieser dämlichen Gemälde! Nur weil sie alt sind? Oder haben die Leute damals wirklich schöner gemalt? Er hat nur einen kurzen Blick auf das Monstrum aus der Abseite geworfen. Der porträtierte Mensch darauf war in seinen Augen alles andere als gut getroffen. Hoffentlich hatte sich der Kunstliebhaber das wirklich genau überlegt. So ein Aufwand für einen hässlichen Kerl im Pastorengewand.

Die Klinke ließ sich leicht herunterdrücken. Vorsichtig betrat er den Vorraum und stand dann vor einer weiteren Tür, die ebenfalls kein Quietschen von sich gab. Eigentlich sollte es ihm egal sein - wer hielt sich schon um diese Zeit in einer Kirche auf? Die Turmuhr hatte schließlich fast Mitternacht angezeigt. Trotzdem flößte ihm ein Gotteshaus immer ein gewisses Unbehagen ein, weshalb er sich auch bemühte, leise zu sein. Es roch irgendwie modrig, nach dem Kleiderschrank seiner Großeltern. Auf der linken Seite sollte er durch eine weitere Tür nach oben gehen. Schon wieder zog er sich die Schuhe aus. Auch wenn ihn die Institution Kirche wenig scherte, hatte er Respekt vor dem Gebäude und vor allem dem Knarzen seiner alten Dielen. Man konnte ja nie wissen! Über eine Treppe gelangte er auf die Empore, wo eine wuchtige Orgel stand. Die Pfeifen ragten weit in die Kirchendecke hinein. Sein Weg sollte ihn um das ausladende Instrument herumführen. An der gegenüberliegenden Wand würde er das besagte Bild finden. Mann mit Schnauzbart, Fliege und Stimmgabel in der Hand - Heinrich Weper sollte darunter stehen.

*

Ferhad und Sophie hatten ihre Umgebung vollkommen ausgeblendet. Noch nie in seinem Leben hatte Ferhad eine solche Sehnsucht empfunden. Am liebsten wollte er das Mädchen in seinen Armen niemals wieder loslassen. Dieser Kuss sollte kein Ende finden. Ihre Berührungen nie aufhören. Als Sophie ihn dort anfasste, wo ihn zuvor noch kein Mädchen berührt hatte, konnte er ein Stöhnen nicht unterdrücken.

Abrupt hielt sie inne und lauschte. „Was war das?“, flüsterte sie in sein Ohr.

Ferhad brauchte einen Moment, um in die Wirklichkeit der harten Kirchenbank zurückzufinden. Warum hatte sie nur aufgehört?

„Was?“, entgegnete er mit heiserer Stimme.

„Das Geräusch!“ Sie deutete nach oben. „Da ist doch

jemand!“

„Wer?“

„Das weiß ich auch nicht. Ich habe Schritte gehört. Dort oben.“

*

Alex zuckte erschrocken zusammen. Er hatte eindeutige Geräusche vernommen. Da war noch jemand außer ihm in dieser verdammten Kirche! Zu allem Überfluss schien es vor allem dem Kerl verdammt gut dabei zu gehen. Entnervt raufte er sich die Haare. Die gingen doch hier nicht zum … in die Kirche? Diese Bauern! Ungläubig schüttelte er seinen Kopf. Hatte dieser Scheißauftrag denn nur noch Komplikationen? Warum hatte sich der Chef damals seine Akte bloß so ausführlich durchgelesen? Konnte man die beknackten Jugendsünden nicht endlich daraus löschen? Vorsichtig nahm er das gewünschte Bild von der Wand und verharrte für einen Moment auf der Empore. Die riesigen Orgelpfeifen verunsicherten ihn. Mehrere Minuten lang war von unten kein Laut mehr zu vernehmen. Vielleicht waren sie eingeschlafen? Als Alex sich einigermaßen in Sicherheit wähnte, schlich er so leise wie möglich mit dem Bild unterm Arm die Treppe hinunter.

*

Wenn mal was in den Landgebieten passierte, dann aber auch nur mit dem ganz großen Drama! Eigentlich hatte er schon längst Feierabend. Aber der gute Herr Kolberg verfolgte eine heiße Spur. Mal wieder. Und er brauchte polizeiliche Hilfe. Hatte ihn ausdrücklich um seinen Rat gebeten. Umgehend! Dirk Spannich seufzte. Keiner wartete auf ihn. Seine Mutter schlief längst vor dem Fernseher. Die Wiederholung ihres Lieblingskrimis Wilsberg war schon vorbei. Alberne Geschichte. Antiquar als Hobbydetektiv. Immer eine Spur schneller als die Polizei. Was für ein Schwachsinn!

Nach der ewig langen Straße, die von der Autobahn nach Neuengamme führte, bog er rechts in die geschwungene Dorfstraße ein. Hier war es wirklich idyllisch: Beschienen vom hellen Mondschein reihte sich ein aufwendig gepflegtes Reetdachhaus an das nächste. Zu dieser nachtschlafenden Zeit kam ihm kein anderes Auto entgegen. Schon wieder bog er in den Feldstegel ein, der direkt an der Kirche entlang zum Gemeindehaus führte. Als Spannich langsam am Kirchturm vorbeirollte, fiel ihm auf, wie jemand im selben Moment aus der Kirche heraustrat. Der nächtliche Kirchgänger presste ein auffällig großes Brett an seine Brust und sah sich eine Spur zu hektisch um. Alarmiert parkte Spannich sein Auto am Straßenrand und lief hinüber. Was war da los?

*

Endlich raus hier! Erleichtert setzte Alex einen Schritt vor das Kirchgebäude. Das Bild hielt er mit beiden Armen an den Oberkörper gepresst. Jetzt nix wie weg und rüber zu seinem Auto. Hauptsache das Pärchen dort drinnen würde ihn in Ruhe lassen. Kein Mensch sollte doch etwas von dieser Sache mitbekommen. Nie wieder wollte er hierhin - in dieses Dorf. Nie wieder ein solcher Auftrag! Wenn Bianca davon wüsste. Die war immer so korrekt. Vorsichtig sah er sich um. Nichts zu sehen. Nachdem er den ersten Schritt in Richtung Straße gemacht hatte, starrte er erschrocken auf seine Füße. Verdammt! Die Schuhe. Schon wieder hatte er seine Schuhe stehen gelassen. Als er sich gerade umdrehen wollte, um sie zu holen, trat jemand aus dem Schatten des gegenüberliegenden Turms.

„Halt! Stehenbleiben! Polizei!“

Ohne einen weiteren Gedanken an die verlorenen Schuhe zu verschwenden, stürzte er voller Panik aus dem Gotteshaus und lief links um die Ecke davon. Der Stechschritt seines Verfolgers hallte bedrohlich durch die Nacht. Wo sollte er hin? Wo konnte man sich hier verstecken? Intuitiv rannte er über den Friedhof. Jetzt nur nicht stolpern! Der Polizist war ihm dicht auf den Fersen. Nach einer langen Gräberreihe näherten sie sich einem Schuppen auf der linken Seite. Zum Glück sah er die vielen Grab- und Blumengestecke sofort und wich ihnen großflächig aus. Dieses Glück war seinem Verfolger offenbar nicht vergönnt. Alex vernahm einen Aufprall gefolgt von lautem Stöhnen.

„Arrghh …!“

Froh über den gewonnenen Vorsprung lief er links um den Schuppen herum und versteckte sich auf der anderen Seite hinter einem Busch. Als wäre es ein Teil seines Körpers presste er das Bild nach wie vor eng an die Brust. Er versuchte, flach zu atmen. Über ihm rief leise eine Eule.

*

„Sie haben keine Chance!“, schrie er. „Kommen Sie da sofort heraus!“

Mit schmerzverzerrtem Gesicht schlich Kommissar Spannich links um das Gebäude herum. Sein durch den Sturz verletztes rechtes Fußgelenk ließ ihn auf der Seite kaum auftreten. Wo steckt dieser feige Kerl nur? Er war doch eben noch links abgebogen. Wo hatte er sich verkrochen? Weit weg konnte er nicht sein. Das hätte er mitbekommen.

Spannich dachte kurz nach und kehrte langsam um. Während er um das alte Gebäude herumging, tastete er in einer der Manteltaschen nach seinem Handy. Es war an der Zeit, Verstärkung anzufordern. Außerdem würde sich dieser Kolberg bestimmt schon fragen, wo er blieb. Leider endete seine Suche erfolglos. Mist - kein Handy. Er erinnerte sich wieder. Das Gerät steckte vorhin noch am Aufladekabel im Auto. Egal, mit dem Strauchdieb würde er schon alleine fertig!

Vorsichtig bog Spannich rechts um die Ecke und lugte durch die halb offenstehende Tür. Die Luft im Schuppen roch nach Gartengeräten, Erde, Rost und Unkraut. Schwerfällig humpelte er einen Schritt hinein, um sich kurz umzusehen. Leider ohne die Taschenlampenfunktion seines Handys. Mit einem Mal fiel hinter ihm die Tür ins Schloss.

„Hey!“, schrie er wütend. „Das ist Freiheitsberaubung … eines Beamten … der deutschen Polizei!“

Trotz seiner warnenden Rufe wurde außen ein Riegel vorgeschoben und etwas Schweres vor die Tür gerollt.

„Lassen Sie mich sofort hier raus! Aufmachen! Aber schnell!“

25

Im Turm

„Ich will hier raus!“, wisperte Sophie ängstlich. Sie lag noch immer in Ferhads Armen, jedoch war von der vorherigen Leidenschaft nichts mehr zu spüren. Beide lauschten angespannt in die Stille der Kirche hinein.

„Der Mensch ist weg“, flüsterte Ferhad in ihr Ohr. „Die Tür …“

„Und wenn er wiederkommt?“

Ferhad strich sanft über ihre weichen Locken und dachte nach. „Wir können uns verstecken.“

„Aber wo?“

„Ich weiß etwas.“

Nach einem kurzen Kuss richteten sie ihre mitgenommene Kleidung. Noch nie hatte sich Ferhad vor einem Mädchen an- oder ausgezogen und drehte sich verschämt zur Seite. Außerdem fiel es ihm schwer, seine schmerzende Hand zu benutzen. Trotzdem wollte er sich nicht helfen lassen. Sophie wartete bereits im Mittelgang, als er endlich zu ihr kam. So leise wie möglich schlichen die beiden in Richtung Ausgang. Im dunklen Eingangsflur bemerkten sie auf der rechten Seite eine offene Tür. Ferhad lugte hinein.

„Was machst du? Komm!“ Sophie wollte ihn eilig von dort wegziehen.

„Moment“, bat er sie. Mit suchendem Blick schritt er auf den Treppenabsatz zu, der zur Empore führte. „Da stehen Schuhe!“ Er bückte sich. „Große Schuhe!“

„Das können wir immer noch der Polizei erzählen. Wir müssen hier weg!“, bedrängte sie ihn mit spürbarer Panik in der Stimme. „Bitte!“

Als sie hinüber zum Turm liefen, flog etwas Großes über sie hinweg. Sophie zuckte zusammen.

„Keine Angst. Das ist nur ein großer Vogel“, beruhigte Ferhad seine Freundin.

„Stimmt“, erinnerte sie sich. „Dort oben brüten ja immer die Falken.“

„Fal-ken“, wiederholte er das neu gelernte Wort, während er die Tür zum Turm öffnete. „Komm!“

Zaghaft folgte sie ihm hinein und sah sich um.

„Krass. Hier war ich das letzte Mal beim Konfi-Unterricht.“ Skeptisch sah sie die Treppe hinauf: „Die fand ich damals schon so steil! Und hoch!“

Oben angekommen begutachtete sie ungläubig die übereinanderliegenden Decken. „Das ist jetzt nicht dein Ernst! Hier hast du dich wirklich die ganzen letzten Tage versteckt?“

„Ja“, antwortete Ferhad verlegen.

„Wenn ich das gewusst hätte …“ Sophie stellte sich auf die Zehenspitzen und sah durch den Luftschlitz an der Seite. Ein zaghaftes Lächeln legte sich auf ihr Gesicht. „Wir hätten uns im Wintergarten zuwinken können.“

„Du warst nie dort.“

Langsam drehte sie sich wieder um und machte wenige Schritte auf ihn zu. Ferhad war fast einen Kopf größer als sie. Also reckte sie ihren Hals nach hinten und suchte seinen Blick. In seinen tiefgründigen Augen konnte sie sowohl Verzweiflung als auch einen Funken Hoffnung erkennen. Für einen Moment standen sie dicht beieinander und sahen sich nur an. Jeder versuchte, in dem anderen zu lesen, ihn zu verstehen. Schließlich ließ sich Sophie in Ferhads Arme ziehen. Schweigsam hielten sie sich aneinander fest.

„Das tut mir so leid“, flüsterte sie an seinem Hals. „Ich

möchte, dass alles wieder normal ist. Ohne die Explosion, ohne die Polizei, ohne das Feuer, ohne den schrecklichen Krieg!“

„Jetzt sind wir hier. Du und ich. Das ist gut. Alles andere ist jetzt nicht wichtig“, flüsterte er in ihr weiches Haar.

„Aber, du musst doch …“, setzte sie an.

„Schhhhh …“, unterbrach er sie leise und nahm ihr Gesicht in seine Hände. Ihre Lippen trafen sich und trennten sich auch nicht, als er sie behutsam auf sein improvisiertes Bett am Boden zog. Auch wenn er noch immer das unbestimmte Gefühl hatte, etwas Falsches zu tun, begann Ferhad, die deutsche Freiheit mit jeder Sekunde mehr zu lieben.

26

Auf der Flucht

Sirenen heulten. Alle vier verbliebenen Bewohner des Dachgeschosses und Karlo horchten auf.

„Die Polizei!“, rief Yassir erschrocken.

Karlo runzelte die Stirn.

„Das hört sich eher nach einem großen Feuerwehrauto an.“

„Warum denn die Feuerwehr?“

„Wir müssen nachsehen.“ Ohne nachzudenken, eilte Karlo die Treppe hinunter. Hasan und Yassir stürzten hinterher. Vom Kirchvorplatz aus konnten sie weiter oben auf der Straße ein amtliches Löschfahrzeug begleitet von mehreren Privatwagen beobachten. Innerhalb weniger Augenblicke liefen sie hoch zu den uniformierten Ersthelfern.

„Was ist denn los?“, fragte Karlo den kräftigen Chef der freiwilligen Feuerwehr von Neuengamme.

„Anonyme Brandmeldung.“

„Wo?“

„Dat Hus hier mit ’n Wintergarten. Im Dachgeschoss.“

Karlo sah sich suchend um. „Aber da brennt doch gar nix.“

„Dat mutt wir prüfen!“ Mit diesen Worten ließ ihn der Feuerwehrmann an der Straße stehen. „Frankie, Günni, Harald … mitkomm’!“, rief er seinen Untergebenen zu. Einer von ihnen trug eine schwere Axt. Gemeinsam stürmten die Männer auf den seitlichen Eingang zu. Sie warteten nicht erst, dass auf ihr Klingeln geöffnet wurde, sondern verschafften sich sofort gewaltsam Zutritt ins Haus. Karlo stellte fest, dass der Brandgeruch nach Öffnen der Tür stark zunahm. Während die Feuerwehrleute im Haus nach dem Rechten sahen, warteten drei weitere Kollegen zusammen mit Karlo und den beiden Syrern auf der Straße.

Nach wenigen Minuten tauchte ein junger Feuerwehrmann wieder auf und erstattete den anderen Uniformierten Bericht: „In einem der oberen Zimmer hat's gebrannt. Da liecht 'n verkohlter Teppich auf'm Laminat. Irgendwie komisch." Er kratzte sich unterm Helm am Kopf. „So'n Teppich geiht doch nich von selber aus. Als hätt den jemand gelöscht! Oder ausgeschlagen …"

„Das lass man die Experten ankieken", entgegnete sein Kollege.

Karlo wunderte sich über diese Information nicht weniger als die Feuerwehrleute. Was war hier los? Was führte dieser unbekannte Feuerteufel von Neuengamme im Schilde? Sein Blick fiel auf die Kirchturmuhr, die wenige Minuten nach Mitternacht anzeigte. Es war nun schon eine Weile her, dass er Spannich verständigt hatte. Wo blieb der Kommissar nur? Er musste doch längst losgefahren sein. Karlo entfernte sich ein paar Schritte in Richtung Straße und holte sein Handy hervor, um ihn erneut anzurufen. Beim ersten Freizeichen nahm er in seiner unmittelbaren Nähe ein dumpfes Klingeln wahr. Suchend sah er sich um. Nach wenigen Schritten stand er vor einem ihm wohlbekannten dunkelblauen Audi, in dessen Innenraum ein Handy lag. Auf dem Display konnte er den Namen 'Karl Kolberg' erkennen. Als Karlo in seinem Ohr eine Mailbox vernahm, war aus Kommissar Spannichs Auto kein Laut mehr zu hören.

*

Was war nur in diesem verfluchten Dorf los? Ein

Pärchen beim Liebe machen in der Kirche. Ein wildgewordener Polizist auf Verfolgungsjagd. Und jetzt auch noch die Feuerwehr! Nachdem er seinen Verfolger sicher im Schuppen verwahrt hatte, versteckte sich Alex hinter einer hohen Kastanie um die Lage zu sondieren. Wer konnte schon wissen, ob der Gesetzeshüter nicht noch ein paar Kollegen im Schlepptau hatte? Nach einer Weile schien die Luft rein zu sein. Da gegenüber vom Kirchturm immer noch die Feuerwehr stand, musste er eben in die andere Richtung des Feldstegels flüchten. Sein Weg würde sich zwar auf diese Weise ein wenig verlängern, aber nach einem Zusammentreffen mit Menschen in Uniform stand ihm nicht der Sinn. Mit dem Bild vor der Brust schlich er barfuß über den Friedhof zu einem der seitlichen Ausgänge. Bald würde er am Auto sein und diesen Ort endgültig verlassen können. Nie wieder würde er freiwillig einen Fuß nach Neuengamme setzen!

Am Parkplatz angekommen stellte Alex das sperrige Bild auf dem Boden ab und kramte nach dem Schlüssel in seiner Hosentasche. Bis ihm grelles Licht ins Gesicht schien.

„Ey!“, schrie er panisch auf.

„Was du machst hier?“, fragte ihn eine aufgeregte Männerstimme. Der Akzent kam ihm allzu bekannt vor.

Bevor er zum Halfter greifen konnte, hatten ihn der Kerl mit der Lampe und ein weiterer Mann schon überwältigt. Mit geübten Griffen zogen sie seinen Gürtel aus der Hose und fesselten ihn fachmännisch an einem Straßenschild. Dabei sprachen sie höchstwahrscheinlich Arabisch miteinander. Ihre Gesten waren eindeutig zu verstehen. Kurz darauf rannte einer von ihnen in Richtung der Feuerwehr davon. Der andere starrte ihn finster an.

*

Erstaunt sah Karlo von dem Gefesselten zu seinem Bewacher Amir und dann wieder zu Khaled, der ihn kurz zuvor geholt hatte.

„Wir haben Mann, der bei Explosion war in Zimmer“, informierte er ihn mit ernster Miene.

„Und wo?“

„Bei unsere Haus. Auf Parkplatz. Festbinden.“

Der kräftige Kerl schwieg. Neben seinem Auto lehnte ein Bild.

„Was haben wir denn da?“ Karlo nahm das Gemälde zur Hand. „Ist das von Ihnen?“, fragte er.

Der Gefesselte antwortete mit Schweigen.

„Dann sollten wir Sie schleunigst der Polizei übergeben. Die interessieren sich immer sehr für Bilder. Vor allem für Gestohlene.“

Als Antwort erhielt Karlo ein wütendes Grunzen. Ansonsten herrschte unangenehme Stille. Yassir und Amir blickten finster. Auch Hasan war das Lächeln aus dem Gesicht gewichen.

Mit einem Nicken in Khaleds Richtung setzte Karlo erneut an: „Mein Freund hier sagt, dass Sie am Morgen der Explosion im Dachgeschoss waren. Wie erklären Sie uns das?“

Nach wie vor kam kein Wort über die Lippen des Mannes.

Langsam wurde es Karlo zu dumm. Wie verhörte man einen Menschen, der nichts sagen will? Sollte er ihm Gewalt androhen? Ihn anschreien? Waterboarding? Alle Männer scharrten ratlos im Sand. Vielleicht hatten die Syrer mehr Erfahrung auf diesem Gebiet? Dann horchte er unvermittelt auf. Was war das für ein Geräusch? Auch Yassir drehte seinen Kopf in eine bestimmte Richtung. Vom Friedhof her erklangen regelmäßige Klopfgeräusche. Außerdem hörte es sich so an, als würde jemand stark an etwas rütteln. Die Feuerwehrleute konnten das nicht sein. Ihr Einsatzort befand sich viel weiter oben.

„Sie bleiben hier!“

Karlo bedeutete Amir, den Mann weiterhin zu bewachen. Zusammen mit Khaled, Hasan und Yassir schlich er über den Friedhof, um dem Klopfen und Rütteln auf den Grund zu gehen. Ihre Schuhe hinterließen knirschende Spuren. Je mehr sie sich dem Schuppen dort hinten näherten, desto lauter und energischer wurden der Klopfton und das Rütteln. Irgendwann drangen auch dumpfe Schreie an ihr Ohr: „Haaaallooo! Hiiilfeee! Ich bin hiiieeeer!“

Karlo und Khaled gingen links um das flache Gebäude herum. Eine grün gestrichene Holztür vibrierte in ihren Angeln. Von außen war ein kräftiger Riegel vorgeschoben worden und ein schwerer Blumenkübel stand davor.

„Warten Sie!“, rief Karlo dem Eingesperrten zu. „Ich öffne die Tür.“ Gemeinsam schoben sie zunächst den Kübel beiseite. Danach wandte er sich dem Riegel zu, der kurz darauf mit einem kratzenden Geräusch zurückglitt. Höchst überrascht sahen Karlo und Khaled in das gerötete Gesicht von Kommissar Spannich. Von seinem akkuraten Seitenscheitel war nicht mehr viel zu erkennen. Wirr standen die dünnen Haare zu allen Seiten ab. Die Nickelbrille saß schief auf der schmalen Vogelnase. Der zerknautschte Trenchcoat hatte ein paar Flecken davongetragen.

„Oh, der Herr Kommissar … Wie kommen Sie denn …?“

Spannich schien ihn nicht zu erkennen und wollte sich im ersten Moment auf seinen Retter stürzen. Geistesgegenwärtig wich Karlo ein paar Schritte zurück. „Hey, wir haben Ihnen nichts getan! Ich bin’s doch - Karl Kolberg!“

Der Polizist hielt abrupt inne und sah verdutzt in Karlos Gesicht. „Was machen Sie denn hier?“

„Schon vergessen? Ich hab Sie vorhin angerufen. Damit Sie sich etwas ansehen.“ Irritiert fixierten sich die beiden Männer für einen kurzen Augenblick. Spannich wandte den Blick schnell ab. Mit hektischen Gesten versuchte er, seine Frisur wiederherzustellen und die Brille zurechtzurücken. „Herr Kommissar, Sie sind nicht im Gemeindehaus aufgetaucht, aber Ihr Auto habe ich soeben an der Straße entdeckt. Gleich beim Feuerwehreinsatz dort hinten.“

Es war dem Polizisten anzusehen, dass er die Informationen zunächst sortierte. Dermaßen ramponiert hatte Karlo ihn noch nie erlebt. Mit angestrengter Stimme erkundigte sich Kommissar Spannich: „Und - was wollten Sie mir unbedingt zeigen?“

„Dazu kommen wir gleich. Wahrscheinlich wird es Sie vielmehr interessieren, dass die syrischen Jungs soeben einen Bilderdieb festgenommen haben.“ Karlo bedachte seine unbeteiligt herumstehenden Begleiter mit einem anerkennenden Nicken. „Übrigens sind wir während der Aktion auf das Klopfen aufmerksam geworden. Ihr Klopfen.“

„Sie haben den Dieb?“ Spannichs Hirn schien wieder normal zu arbeiten. „Wo ist er?“

„Da vorne. Amir passt auf ihn auf.“

Wie auf ein unsichtbares Kommando hörten sie einen Tumult aus der Richtung des Friedhofausgangs. Sofort rannten die Syrer los, um ihrem Mitbewohner beizustehen.

„Was ist da los?“, fragte Spannich, während er neben Karlo herlief.

„Wir werden es gleich erfahren.“

Kaum waren die fünf Männer am Tor angekommen, rauschte ein schwarzer Golf an ihnen vorbei. Amir lag stöhnend am Boden und hielt sich den Kopf. Der Gürtel hing nach wie vor am Straßenschild.

27

In der Falle

„Wann gedenkt dein treuer Diener denn zu erscheinen?“, erkundigte sich der Besucher gleich beim Eintreten. Auch zu später Stunde war er stets in elegantes Schwarz gekleidet. Sein nervöses Verhalten vermittelte nicht den Eindruck, als wollte er sich lange in diesem Haus aufhalten.

Als die beiden Männer den Wintergarten betraten, standen auf dem massiven Holztisch noch immer die benutzten Gläser der erst vor Kurzem aufgebrochenen syrischen Gäste.

„Abwarten!“, versuchte Roland Kloss, sein Gegenüber zu beruhigen.

„Nach deinem Anruf ging ich davon aus, dass die Sache längst erledigt ist.“

„Gut Ding … Kann isch dir noch wat anbieten?“ Der Hausherr deutete auf seine kleine Hausbar und den Weinschrank an der Seite.

Der späte Gast zögerte zunächst. „Nun gut. Ein Gläschen vom Roten. Aber lange will ich nicht mehr warten!“

„Dann hol isch uns ’nen edlen Tropfen. Du wirst et nisch bereuen, mein Freund.“

*

„Was machen Sie denn mit Ihrem Handy, Kolberg?“ Der Kommissar stand unter Strom.

„Kurze Info an meine WhatsApp-Gruppe. Sie werden schon sehen!“

„Los jetzt, wir müssen hinterher! Wo ist Ihr Wagen?“

„Mein Wagen? Ich bin mit dem Fahrrad hier.“

Spannich atmete scharf ein. „Dann los! Zu meinem Audi.“ Umgehend humpelte er mit seinem nach wie vor schmerzenden Bein die Straße hinauf.

„Sie nehmen mich mit?“, rief Karlo verblüfft. Noch nie hatte Kommissar Spannich gesteigerten Wert auf seine Unterstützung gelegt.

„So schnell werde ich keine Kollegen bekommen. Heute Nacht ist ’ne Menge los.“

Kaum saßen die Männer im dunkelblauen Audi, fuhren sie in die Richtung, in die der schwarze Golf verschwunden war. Der Feldstegel zog sich lang hin. Auf der rechten Seite standen dicht aneinandergereiht viele Häuser - auf der linken lagen dunkle Felder. Zum Glück fuhren keine anderen Autos auf der einsamen Straße, die nach einer Weile eine scharfe Linksbiegung machte.

Spannich bellte in seine Freisprechanlage: „Achtung, Kollegen: Es wird gefahndet nach einem schwarzen Opel Corsa. Kennzeichen unbekannt. Zuletzt gesichtet im Feldstegel. Ende.“ Entnervt zischte er vor sich hin: „Und das heute Abend. Bei der engen Personaldecke!“

Karlo starre auf sein Handy. Bis jetzt hatte noch keiner geantwortet. Ein Klick auf die Nachricht zeigte ihm jedoch, dass sieben seiner Chormitglieder sie bereits gelesen hatten. Die mehrheitlich älteren Herren hatten allesamt einen leichten Schlaf, da schon bald einige von ihnen zum Großmarkt fahren würden.

In weiter Entfernung konnte das unfreiwillige Ermittler-Duo zwei rote Lichter erkennen, die nach links abbogen.

„Der Kerl will zur Autobahn!“, stellte Karlo fest.

„Wohin auch sonst“, entgegnete Spannich nüchtern.

Als sie schließlich ebenfalls links auf die langgezogene Hauptverbindungsstraße zwischen Curslack, Neuengamme und Kirchwerder abbogen, hatten sich die Lichter bereits weiter entfernt. Der Kommissar drückte auf das Gaspedal seines Dienstwagens und versuchte, den Abstand zu verringern. Nach ein paar Kilometern tauchte auf der rechten Seite ein Supermarkt auf. Karlo bemühte sich, die Rücklichter des schwarzen Autos nicht aus den Augen zu verlieren. „Der will nicht zur Autobahn!“, rief er. „Links! Wir müssen nach links!“ Aufgeregt fuchtelte er mit den Armen.

„Will der etwa wieder nach Neuengamme?“ Spannich tat wie ihm geheißen und steuerte seinen Wagen in die Straße, in die er vor gar nicht allzu langer Zeit schon einmal eingebogen war. „Das muss er uns gleich erklären!“

„Vielleicht hat er was vergessen?“

*

Ein unangenehmer Cembalo-Ton kündigte den Eingang einer Nachricht an.

„Vor der Garage. Bin weg.“

Erleichtert legte Roland Kloss das kleine Telefon neben seinem Rotweinglas auf dem Tisch ab. Triumphierend wie ein Großwildjäger vor einem erlegten Hirsch strahlte er sein Gegenüber an.

„Auftrag erledigt. Du kannst die juten Stücke heute noch mitnehmen.“

*

„Fahren Sie hier langsam!“

„Warum?“

„Es könnte sein, dass er sich in einem der kleinen Stegel versteckt.“

„Stegel?“

„Das ist hier doch das Stegelviertel. Minigässchen, sehr verwinkelt. Hübsche Häuschen."

„Sparen Sie sich Ihren stadthistorischen Rundgang, Kolberg! Ich muss einen flüchtigen Straftäter wegen Diebstahls und Freiheitsberaubung festsetzen."

„Da!" Aufgeregt deutete Karlo auf die zweite Gasse, an der sie gerade langsam vorbeirollten. „Da ist er!" Er reckte seinen Hals. „Er hat da was abgestellt."

„Was hat er abgestellt?", fragte Spannich ungeduldig.

„Keine Ahnung, jetzt läuft er weg!"

„Er läuft?"

„Ja, zu seinem Auto. Zum schwarzen Opel!"

Spannich wartete an der Ecke, bis der Mann eingestiegen war und mit quietschenden Reifen die enge Straße hinunterfuhr. Dann nahm er die Verfolgung wieder auf. Der Kleinwagen hatte in diesem Viertel einen entscheidenden Vorteil: Er war deutlich wendiger als die schwere Audi-Limousine.

„Rechts ab. Er fährt nach rechts!"

„Das sehe ich."

„Wieder rechts, los! Achtung, da ist 'ne Bank an der Ecke!"

Es machte ein kratzendes, dann ein schepperndes Geräusch.

„Die ist hin", kommentierte Karlo, ohne sich nach der zerstörten Holzbank umzusehen, die der Audi seitlich gestreift hatte.

„Meine rechte Seite auch! Das gibt wieder Formularstress."

„Links! Er fährt nach links auf den Hausdeich!" Karlos Stimme überschlug sich fast.

„Sie sind ja schlimmer als mein alter Kollege, Kolberg. Der liegt jetzt mit seinem hohen Blutdruck zur Beobachtung in der Klinik."

„Gleich ist er weg! Nochmal links und zack geht's zur Autobahn!"

Nun wurde auch Spannich nervös. „Wir müssen ihm den Weg abschneiden. Er darf uns nicht entkommen!"

Wie elektrisiert starrte Karlo auf sein Handy, auf dem in den letzten Minuten zwei neue Nachrichten eingegangen waren. Ein Grinsen umspielte sein Gesicht. „Sie können langsamer fahren."

„Was?" Irritiert starrte Spannich seinen Beifahrer an. „Sind Sie nicht ganz bei Trost?"

„Sie werden schon sehen. Langsamer!"

Ohne zu wissen, warum er diesem nervigen Hobbyermittler vertrauen sollte, ging Spannich vom Gas, als sie die Brücke überquerten, die über die Dove-Elbe führte. Ein krachendes Geräusch ließ ihn in seinem Sitz zusammenfahren.

„Was war das jetzt?" Erschrocken sah er Karlo an.

„Da musste wohl jemand ziemlich in die Eisen gehen!", bemerkte sein Beifahrer schmunzelnd.

„Der Bremsvorgang wird nicht ausgereicht haben. Der ist irgendwo gegengeprallt …"

„Das kann schon sein …"

„Wissen Sie mehr darüber? Mensch, Kolberg!"

„So hört sich das wohl an, wenn Blech auf Stahl trifft."

„Meine Geduld ist nicht unendlich! Was ist da hinten passiert?"

„Meine WhatsApp-Gruppe hat wohl soeben Ihren Dieb und Freiheitsberauber erfolgreich aufhalten können."

28

Auf dem Boden

„Das ist das Bild aus der Abseite?"

„Ja genau, wie von dir verlangt."

Der Mann in Schwarz trat näher an das Größere der beiden Gemälde heran, das neben seinem Auto lehnte. Kritisch runzelte er die Stirn. „Aber das kann doch …"

„Beeindruckend oder? Der verstand wat von seine Kunst."

Sein Gegenüber bedachte ihn mit einem finsteren Blick. „Beeindruckend sagst du? Beeindruckend schlecht, lautet meine fachkundige Meinung!"

Wie immer bei unvorhergesehenen Komplikationen wurde Roland Kloss ungeduldig. Das war auch der Grund, weshalb er sich schon lange nicht mehr persönlich mit dem Konfliktmanagement seiner zu schützenden Objekte aufhielt. Die ständig wiederkehrenden Auseinandersetzungen in den Flüchtlingsunterkünften gingen nur am Rande über seinen Tisch. Damit befasste sich ein gut bezahlter Krisenmanager. Seine Freundin wusste ebenfalls, dass sie ihm mit Kleinigkeiten nicht zu kommen brauchte. Langsam nervte ihn die ganze Angelegenheit. So viel Aufwand für einen unzufriedenen Kunstliebhaber. Was für ein arrogantes Pack! Die fanden auch immer ein Haar in der Suppe! Trotzdem versuchte er, sich so gut es ging zusammenzureißen. Schließlich war er auf die Gegenleistung angewiesen. Sonst musste er auf den großzügigen Wellnessanbau verzichten. Das konnte er seiner anspruchsvollen Freundin nicht antun. Mit beruhigenden Worten redete er auf seinen Vereinskameraden ein: „Versteh misch bitte nich falsch, lieber Tristan, aber du wolltest doch dat Bild vom Dachboden im Gemeindehaus. Dies ist dat Bild. Nu isset da und du kannst et haben.“

„Aber das meinte ich nicht. Das ist ja scheußlich!“ Wie ein störrisches Kind, das sein Lieblingsspielzeug nicht bekommen hat, deutete er angewidert auf das Gemälde. „Sieh dir nur diesen hässlichen Mann an. Diese Proportionen! Seine Hände sind viel zu groß. Mit Sicherheit werde ich mir so ein stümperhaftes Machwerk nicht an meine Wand hängen. Das musst du doch verstehen!“

Roland Kloss war kurz davor, die Beherrschung zu verlieren. „Du selbst hast sofort dat Bild in der oberen Abseite haben wollen - ’nen eschten Förster. Dieser Schinken war in der Abseite und …“ Er beugte sich hinunter, um die Signatur zu erkennen und sie mit dem Bild vom Orgelboden zu vergleichen. „… et is ein Förster wie dat hier.“

„Aber das hat doch eine ganz andere Qualität! Sieh dir nur die Linienführung an.“ Er leuchtete mit seinem Handy auf das Bild.

„Trotzdem sind nu beide Kunstwerke hier und isch werde sie bestimmt nich wieder zurückbringen.“

„Ich will das da nicht!“

„Dann ham wir wohl ein ernsthaftes Problem.“

Schweigend starrten die beiden Männer auf die Bilder, die nach wie vor am Auto lehnten.

*

Vier offensichtlich alte, aber äußerst solide Anhänger standen dicht nebeneinander auf der leicht schrägen Kreuzung. Von allen blätterte die Farbe ab. Glücklicherweise waren sie zum Zeitpunkt des Aufpralls nicht beladen gewesen.

Spürbar beeindruckt von der konzertierten Aktion schritt Kommissar Dirk Spannich die Reihe ab. In die beiden Mittleren hatte sich ein schwarzer Opel Corsa verkeilt. Der Fahrer lag auf einer Decke davor. An den Füßen trug er keine Schuhe. Seine blutende Kopfwunde wurde im Moment von einem der Treckerfahrer versorgt.

„Moin Hermann!“

„Moin Karlo!“

„Ganze Arbeit, sach ich mal.“ Karlo bückte sich zum geschockten Fahrer hinunter. „Ist er wohl schlimm verletzt?“

„Geiht so, er hat noch gebremst.“

Umgehend trat Spannich an den Verursacher seines ungewollten Schuppenaufenthalts heran und informierte ihn mit erregter Stimme: „Sie sind verhaftet! Wegen Diebstahls, Freiheitsberaubung und Geschwindigkeitsübertretung.“

„Ich wollte das nicht.“ Alex hielt sich den Kopf und schluchzte. „Mein Chef wollte die Scheißbilder.“

„Bilder?“

„Na, die ollen Schinken aus der Kirche und aus’m Gemeindehaus.“

„Hat er sie schon?“

„Ja.“

„Wo?“

„Da hinten bei den ollen Strohdachhäusern.“

*

„So, mein Bester: Wir packen die juten Stücke jetzt schön in dein Auto und dann kannste in Ruhe zu Hause überlegen, wat du damit anstellst.“ Er sah seinem Vereinskameraden tief in die Augen. „Mein Job is hiermit beendet.“

„Finger weg von den Bildern!“ Gerade als Roland Kloss das erste Gemälde im Kofferraum des Mercedes verstauen wollte, bog Kommissar Spannich mit Karlo um die Ecke. Zur Vorsicht hatten sie oben an der Straße geparkt.

Erschrocken starrten die beiden Männer sie an.

„Wat wollnse?"

„Was machen Sie …?"

„Herr von Maifels?", begrüßte Karlo erstaunt den dorfbekannten Architekten, der ihm damals bei seinem Anbau behilflich gewesen war.

„Guten Abend, Herr Kolberg", entgegnete Tristan von Maifels mit sichtlichem Unbehagen.

Spannich warf einen kritischen Blick auf die Gemälde. Er deutete auf das Größere der beiden: „Und für so einen Schinken engagieren Sie einen Dieb?" Er schüttelte den Kopf. „Na ja, es sind schon wegen viel nichtigerer Dinge Verbrechen begangen worden." Der Kommissar sah von einem zum anderen. „So, die Herrschaften, wir unterhalten uns dann mal in Ruhe in meinem Büro. Das wird bestimmt interessant."

Karlos Handy vibrierte in seiner Hosentasche.

„Ja? … Ich komme sofort!" Nachdem er das Gespräch beendet hatte, drehte er sich zum Kommissar um: „Könnten Sie mich zu Hause vorbeifahren?"

„Ja, aber …"

„Ich werde Vater!"

29

Auf der Hut

„Was soll das? Wie oft soll ich Ihnen, verdammt nochmal, sagen, dass ich mit den Scheißexplosionen, dem Feuer und dem ganzen Kack nix aber auch gar nix zu tun habe?"

Die Adern des Verdächtigen schwollen sichtbar an. Außerdem hielt er sich den Kopf und blinzelte mit den Augen. War 'n ganz schöner Aufprall am gestrigen Abend. Da werden zwei Aspirin nicht reichen. Spannich schob seine Brille zurecht und fixierte sein Gegenüber, der in einem dieser sterilen Krankenhausbetten lag. „Vielleicht verraten Sie mir einfach den Namen Ihres Komplizen? Das würde uns schon weiterhelfen. Umso schneller sind wir hier fertig, Herr Mattuschek."

„Zum letzten Mal: Ich sollte nur das Scheißbild aus der Abseite holen. Diese Explosion hat mich doch komplett dabei behindert!"

„Vielleicht hatten Sie ja gehofft, dass Ihnen das kleine Ablenkungsmanöver freie Bahn verschafft? So konnten Sie immerhin unbehelligt aus dem Haus spazieren …"

„Eben nicht! Der ganze Schuppen war doch voll. Überall waren Leute! Rennen Sie da mal unauffällig mit 'nem hässlichen Schinken aus der Tür."

Spannich dachte nach. Das Bild war wirklich hässlich. Warum hatten die anderen Herren darum bloß so viel Aufwand getrieben?

Leider hatte die Befragung von Roland Kloss und Tristan von Maifels nicht viel ergeben. Deren Anwälte wollten sich zunächst in den verworrenen Sachverhalt einlesen, während sie ihren Mandanten geraten hatten zu schweigen. Bis zum jetzigen Zeitpunkt konnte auch noch keine sinnstiftende Verbindung zu den Brandanschlägen hergestellt werden.

"Sollte Ihnen noch etwas einfallen, hier steht meine Nummer." Im Vorbeigehen hinterließ er seine Visitenkarte auf dem Nachttisch. Auch wenn er sich von diesem armen Handlanger keine weiteren Auskünfte erhoffte.

Auf dem Flur klingelte sein Handy. „Spannich?"

„Herr Kommissar, Kolberg hier."

„Ach, der Herr Kolberg! Kann man schon gratulieren?"

„Gratulieren? Nein, das war falscher Alarm … bevor ich es vergesse … ich muss Ihnen da noch von einem wichtigen Detail erzählen."

„Schlafmittel in Kuchenresten …", lautete Spannichs erster spöttischer Kommentar. „Aber natürlich. Da haben Sie einfach mal so ein Labor beauftragt. Als wenn wir keine Experten hätten!"

„Es war ja nur ein kleiner Verdacht. Da wollte ich nicht unbedingt …"

„Stören?"

„Ja."

„Nun gut", lenkte Spannich ein. „Jetzt gilt es herauszufinden, wie das Mittel in den Kuchen gekommen ist und wer außer den Kunstbanausen, ein Interesse an einem langen Schlaf der Syrer gehabt haben könnte."

*

Sophie beobachtete den schlafenden Ferhad. Er sah so friedlich aus, wie er da auf der Decke lag. Behutsam löste sie sich aus seinem Arm. Genauso vorsichtig schlich sie die Treppen hinunter und öffnete die Tür. Die Sonne schien ihr ins Gesicht. Schnell huschte sie hinüber zu ihrem Elternhaus, um dort nach dem Rechten zu sehen. Außerdem wollte sie sich auch etwas Frisches anziehen. Ihre Kleidung hatte durch den Rauch und die Nacht auf dem staubigen Turmboden ein wenig gelitten, vor allem das T-Shirt war an einigen Stellen blutverschmiert von Ferhads Wunde am Handgelenk. Als sie in der letzten Nacht die Feuerwehr gehört hatten, hatte sie sich nicht mehr getraut hinunterzugehen. Sie wollte Ferhad nicht noch mehr Angst machen. Wie konnte sie ihn nur dazu ermutigen, endlich sein Versteck zu verlassen? So durfte es auf alle Fälle nicht weitergehen.

Voller Entsetzen sah sie sich um. Die Haustür war gewaltsam geöffnet worden. Überall im Haus befanden sich die Abdrücke von schweren Stiefeln. Mama würde bei ihrer Rückkehr nicht sehr glücklich sein! Zum Glück waren ihre Eltern noch ein paar Tage unterwegs. Das Aufräumen musste noch warten. Während sie in der Küche eilig ein paar Lebensmittel zusammensuchte, klingelte es an der Tür.

„Guten Morgen, Frau Lilienthal."

„Guten Morgen, Herr … Kommissar", grüßte sie zögerlich zurück.

„Darf ich hereinkommen? Ich hätte da einige Fragen an Sie."

„Na klar. Entschuldigen Sie, aber wir hatten hier gestern einen etwas größeren Feuerwehreinsatz."

„Ich weiß. Deshalb bin ich hier." Kommissar Spannich rückte sich die Brille zurecht und fixierte Sophie mit seinem scharfen Blick. „Frau Lilienthal, wo waren Sie zum Zeitpunkt des Feuers?"

Sie überlegte angestrengt. „Bei einem Freund."

„Namen und Anschrift können Sie mir zur Überprüfung später noch aufschreiben." Er deutete auf einen Block in seiner Hand. „Wo sind denn Ihre Eltern?"

„Im Urlaub."

„Haben Sie sie bereits über den Brand informiert?"

„Noch nicht. Ich wollte sie nicht unnötig beunruhigen. Es ist ja nichts Schlimmes passiert."

„Nun ja, ein Brandanschlag auf das eigene Haus würde ich …"

„Brandanschlag? Wie kommen Sie denn darauf?"

Mit durchdringenden Augen sah er sie an.

„Die Feuerwehr hat gestern einen anonymen Anruf erhalten, bei dem von einem Brandanschlag auf dieses Haus gesprochen wurde."

Ihre Augen weiteten sich. „Das kann doch nicht … Wer will denn … Wieso …?"

„Das versuche ich, mit Ihrer Hilfe herauszufinden."

Wie in Trance beantwortete Sophie Spannichs Fragen nach eventuellen Feinden der Familie, besonderen Wertgegenständen und sonstigen Problemen, die zu solch einer Tat hätten führen können. Er befragte sie auch zu ihrer Beziehung zu Roland Kloss, Tristan von Maifels und Alexander Mattuschek. Die Erstgenannten waren für sie lediglich entfernt bekannte Dorfbewohner und von diesem Alexander hatte sie noch nie gehört. Je länger das Verhör dauerte, desto mehr fühlte sich Sophie selbst wie eine potenzielle Brandstifterin. Der Kommissar war so pingelig und unerbittlich mit seinen Fragen. Sehnsüchtig schielte sie von den vorhin prall mit Lebensmitteln gefüllten Tüten in der Küche zur Haustür. Was würde Ferhad zu alledem sagen? Ferhad! Der Kommissar durfte auf keinen Fall erfahren, dass sich ihr Freund hier ganz in der Nähe aufhielt. Wer wusste denn schon, ob er ihn nicht gleich mitnehmen würde? So lange wie Ferhad sich schon versteckte. Er durfte ihn nicht verhaften. Dabei hatte er sie doch gerettet!

„Warum starren Sie die ganze Zeit zur Tür?", fragte er sie

unvermittelt. „Erwarten Sie noch jemanden, oder müssen Sie los?“

Gleichzeitig sahen sie zu den vollen Tüten. „Nein … ähm …“, stammelte Sophie. „… Ich muss erstmal meine Einkäufe verstauen. Außerdem habe ich gleich einen Termin.“ Sie tippte auf ihre Armbanduhr. „Der Deutschkurs fängt bald an.“ Dieser Kommissar brauchte nicht zu wissen, dass sich heute der Pastor bereit erklärt hatte, den Unterricht zu übernehmen.

„Nun gut, dann will ich Sie nicht länger aufhalten, Frau Lilienthal. Wenn Sie mir noch den Namen des Freundes aufschreiben könnten?“ Unerbittlich hielt er ihr seinen Notizblock hin.

„Welcher Freund“, fragte Sophie alarmiert nach.

„Der, bei dem Sie die letzte Nacht verbracht haben.“

„Ach so, ja, der Freund. Das war … vielmehr eine Freundin. Also Freund und Freundin …“, stotterte sie.

„Ich brauche nur die Namen.“ Der Kommissar schien sie mit seinen stechenden Blicken fast zu durchbohren. Wie ein Laser.

„Kein Problem! Warten Sie …“ Hektisch kritzelte sie Ernes Namen auf das Papier.

„Frau Erne Wulffke ist Ihre Freundin?“

„Ja, wieso?“ Trotzig verschränkte Sophie die Arme vor ihrem Brustkorb. „Wir haben den Unterricht für die nächsten Tage besprochen und dabei ist es spät geworden. Erne und Hinrich wollten mich dann nicht mehr allein nach Hause fahren lassen.“ Mit einem unschuldigen Augenaufschlag hielt sie seinem skeptischen Blick stand.

„Nun gut. Frau Timmke muss ich sowieso nochmal nach dem verschwundenen Syrer befragen. Wissen Sie da vielleicht Näheres?“

„Der verschwundene Syrer?“ Fieberhaft täuschte sie angestrengtes Nachdenken vor. „Nein, von dem haben wir hier seit der Explosion leider nichts mehr gehört."

Mit routinierten Bewegungen klappte Spannich sein Notizbuch wieder zu und verstaute es in seinem Trenchcoat. „Nun gut, meine Kollegen von der Spurensicherung werden sich hier heute noch ein wenig umsehen. Bitte, warten Sie mit dem Putzen auf die offizielle Freigabe."

Kaum hatte der Kommissar das Haus verlassen, griff Sophie eilig zum Telefon und rief bei Erne an.

30

Im Krankenhaus

Karlo atmete auf. Endlich war Gianna wieder eingeschlafen. Die Untersuchungen hatten die ganze Nacht gedauert. Ihr regelmäßiges Ziehen im Bauch hatte sich als relativ starke Vorwehen herausgestellt. Da sich der Muttermund bereits leicht geöffnet hatte, wollten die Ärzte seine Freundin noch ein bis zwei Tage zur Beobachtung im Krankenhaus behalten. Bis zum errechneten Geburtstermin blieben ihnen über zwei Wochen. Ihre Tochter konnte sich gerne noch ein paar Tage Zeit lassen, befand er übereinstimmend mit dem behandelnden Arzt. Gianna hingegen wäre ihren riesigen Bauch lieber früher als später losgeworden.

Karlo lag neben ihr auf dem zum Glück freien Nachbarbett und wälzte sich hin und her. Nach den Ereignissen der vergangenen Nacht kreisten unzählige Gedanken wie ein unruhig zuckendes Kindermobilé in seinem Kopf herum. Mit starrem Blick fixierte er die abgehängte Decke des steril-weißen Krankenzimmers. Was wohl aus dem gestoppten Bilderdieb geworden war? Hatten Roland Kloss und Tristan von Maifels harte Strafen zu befürchten? Ging es seinem Baby wirklich gut? War es gesund? Würden sie die Geburt miteinander meistern? Nach einer Weile setzte er sich auf. Er vergewisserte sich, dass Gianna nach wie vor ruhig schlief und verließ auf leisen Sohlen das Zimmer. Vielleicht würde ihm ein kurzer Spaziergang auf dem Gang helfen, seine Gehirnakrobatik zu beruhigen.

Hier draußen herrschte bereits der übliche Morgenbetrieb. Geschäftiges Pflegepersonal, umhereilende Putzkolonnen sowie vereinzelt vorüberschlurfende Patienten in Bademänteln bevölkerten den Flur. Es roch nach einer Mischung aus Desinfektionsmitteln, Krankheit und Kamillentee. Nachdem er im Schwesternzimmer Bescheid gegeben hatte, dass seine Freundin fürs Erste schliefe, begab er sich zwei Stockwerke tiefer in die Cafeteria. Ein prüfender Blick auf den Ständer mit den Presseerzeugnissen ergab, dass weder die einschlägig bekannten Hamburger Blätter noch die Bergedorfer Zeitung von den Ereignissen der vergangenen Nacht berichtet hatten. Wenn ihnen die erfolgreiche Überwältigung eines Bilderdiebs mit Hilfe einiger Vierländer Großgärtner überhaupt eine Meldung wert war.

Während Karlo einen dünnen Kaffee trank, erblickte er ein bekanntes Gesicht am Nebentisch.

„Guten Morgen, Michael!“, grüßte er den drahtigen Sportlehrer aus Ochsenwerder. Im letzten Jahr hatte Michael Meyer-Ölke zusammen mit anderen Dorfbewohnern einen Italienischkurs bei Gianna belegt. Seine Freundin hatte bisweilen Mühe, sein großes Mitteilungsbedürfnis zu stoppen.

„Moin Karlo!“, grüßte er zurück. Tiefe Sorgenfalten und Augenringe hatten sich in sein wettergegerbtes Gesicht gegraben. „Was machst du denn hier?“

„Gianna hatte Vorwehen.“

„Ah so.“

Karlo überlegte angestrengt, ob er den Neuankömmling ebenfalls nach dessen Besuchsgrund fragen sollte. Dann fiel es ihm wie Schuppen von den Augen.

„Und? Wie geht’s deinem Bruder?“, erkundigte er sich mit ernster Miene.

„Wird wohl. Sie wollen ihn so langsam aus dem Koma holen.“

„Na, ein Glück!“

„Eine Zeitlang sah es gar nicht gut aus. Aber jetzt sind

die Ärzte zuversichtlicher."

„Kann man ihn denn besuchen?"

„Leider ist der Besuch auf der Intensivstation nur engen Familienangehörigen vorbehalten."

„Verstehe."

„Aber man kann ihn immerhin durchs Fenster sehen."

Karlo dachte kurz nach. „Wenn es dir nichts ausmacht, würde ich dich eben begleiten."

„Klar, komm einfach mit."

Nachdem beide ihren Kaffee ausgetrunken hatten, schloss sich Karlo dem Sportlehrer an. Gemeinsam wanderten sie die langen Krankenhausflure entlang und fuhren mit dem Aufzug auf die Intensivstation im dritten Stock. Oben angekommen verabschiedete sich Michael, um in einem Vorraum einen dieser typisch sterilen Kittel anzuziehen. Karlo wurde von einer Schwester in den Gang geführt, von dem aus er in das Zimmer des Neuengammer Explosionsopfers sehen konnte.

Gerd Meyer lag in seinem Bett, als würde er tief schlafen. Sein regloser Körper war an zahlreiche Schläuche und blinkende Apparate angeschlossen. Vor allem der Anblick des regelmäßig arbeitenden Beatmungsschlauchs nahm Karlo schlagartig die Luft. Für einen kurzen Moment sah er zu Boden. Kurz darauf bekam er mit, wie sich die Tür des hinter der Scheibe liegenden Krankenzimmers öffnete. Zögerlich näherte sich Michael seinem Bruder, nahm auf einem extra für Besucher bereitgestellten Stuhl Platz, ergriff Gerds Hand und redete leise mit ihm. Karlo fand es rührend, wie sich der sonst eher nüchterne Sportlehrer um seinen älteren Bruder sorgte.

Nach einer kurzen Weile erschien ein weiterer Besucher auf dem Gang. Sein Baseballcap hatte er tief ins Gesicht gezogen. Eine Sonnenbrille verdeckte die Augen. Ansonsten wirkte seine äußere Erscheinung wie die eines typischen knapp Zwanzigjährigen: Chucks, Jeans, T-Shirt. Als sich der junge Mann Karlos Anwesenheit bewusst wurde, zuckte er erschrocken zusammen.

„Komm ruhig her“, winkte Karlo ihn heran. „Ich wollte sowieso gerade gehen.“

„Hm“, murmelte der Typ und verharrte bewegungslos in seiner Position. Apathisch starrte er durch die Fensterscheibe auf Gerd und dessen Bruder.

„Dann will ich mal“, verabschiedete sich Karlo. Der andere drehte sich nicht mal zu ihm um und brummte nur.

Als Karlo um die erste Ecke in Richtung Fahrstuhl abgebogen war, konnte er das Gespräch zweier Krankenschwestern mitanhören, die direkt hinter ihm gingen.

„Der Typ ist ja schon wieder da.“

„Du, der kommt jeden Morgen her. Da kannst du die Uhr nach stellen.“

„Gehört er denn zur Familie?“

„Nee, dann könnt er ja rein.“

„Tja … besser zu viel Besuch als zu wenig …“

Während Karlo zur gynäkologischen Station lief, ließ ihn das Gefühl nicht los, dass er den wortkargen Jüngling schon einmal irgendwo gesehen hatte.

31

Unterm Dach

„So, min Seuten, dat is deine neue Bude!“ Schwungvoll öffnete Erne die grobe Holztür im Dachgeschoss und bedeutete ihren Gästen mit einer einladenden Armbewegung hineinzugehen. „Immer rin inne gute Stube.“

Ferhad blieb noch unentschlossen am Eingang stehen, während Sophie das kleine Zimmer mit erkennbarem Wohlwollen in Augenschein nahm.

„Das ist doch super, voll gemütlich hier!“ Beglückt strich sie mit der Hand über das alte Bett. Es hatte einen verschnörkelten Kopf- und Fußteil aus schwarzem Gusseisen und stand direkt am kleinen Fenster unter der Dachschräge. Auf der Matratze lag eine blau-rotkarierte Tagesdecke. An der gegenüberliegenden Wand befand sich ein wurmstichiger Kleiderschrank aus dunklem Holz. Es roch ein bisschen nach altem Dachboden.

„Dat Bad is ’ne Etage tiefer“, erklärte Erne, während sie ihr gelbes Twinset glatt strich. „Handtücher sind da.“ Sie deutete auf einen dunkelbraunen Holzstuhl mit geflochtener Sitzfläche, der neben dem Bett stand. „Frische Klamotten, die dir passen müssten, findst im Schrank.“

„O.k.“, presste Ferhad unsicher hervor. „Das ist sehr schön. Vielen Dank.“

Erst vor wenigen Minuten hatten ihn seine neuen Gastgeber zusammen mit Sophie aus dem Turm geholt. Geistesgegenwärtig hatten sie ihm einen grünen Arbeitsoverall und eine Baseballmütze mitgebracht. Zwar dämmerte es bereits, aber trotzdem hatten sie für den kurzen Weg zum Parkplatz auf Nummer sicher gehen wollen.

„Kannst ja nie wissen, wann Herr von und zu Spannich umme Ecke kiekt“, hatte Erne mit einem spitzbübischen Lächeln Sophie zugeraunt.

In den vergangenen Wochen hatte sich Ferhad bereits an Ernes Art zu sprechen gewöhnt. Ein paar ihrer üblichen plattdeutschen Worte wie „kieken“ und Konstruktionen wie „umme“, „anne“, „mach mal hinne“ bereiteten ihm keine Probleme mehr. Dadurch wurde er immer wieder daran erinnert, dass es auch in seiner Sprache eine Menge regionaler Unterschiede gab.

Leider gab es bei der gesamten Rettungsaktion eine Person, die ihn stark verunsicherte. Hinrich Wulffke hatte die ganze Zeit über kein Wort gesagt. Seine Gesichtszüge sich nicht einen Millimeter bewegt. Ernes Mann schien lediglich auf Anweisungen seiner Frau zu handeln. Während Sophie und Erne Ferhad im Turm aufsuchten, hatte der alte Gärtner im Auto gewartet. Als Ferhad kurz darauf komplett umgezogen am Wagen stand, hatte er wortlos zur Ladefläche gedeutet, auf die er sich dann umgehend setzte. Kaum beim Hof angekommen, war Hinrich ohne ein weiteres Wort in einem der Gewächshäuser verschwunden. Bei der anschließenden Zimmerbesichtigung ließ er sich nicht blicken.

„Was sagt dein Mann?“, erkundigte sich Ferhad unsicher. „Ist o.k., wenn ich schlafe hier?“

„Hinrich?“ Erne zog kurz die Augenbrauen zusammen und entspannte sich gleich wieder. „Ach, den lass man. Der schnackt nie viel.“

„Aber er hat kein Problem mit mich?“, fragte er nach.

„Mit mir …“, verbesserte ihn Sophie leise.

„Ach ja, mit ist mit Dativ … mit dem Dativ“, erinnerte sich Ferhad.

„Wieso sollte mein Hinrich eigentlich ein Problem mit dir

haben?“, schaltete sich seine andere Deutschlehrerin wieder ein. „Bist doch ’n feiner Kerl!“, entrüstete sie sich.

„Erne und Hinrich sind beide einverstanden mit dieser Regelung“, bemerkte Sophie mit Nachdruck in der Stimme. „Mal ganz im Ernst. Du kannst unmöglich noch länger auf dem Turm schlafen. Vor allem nicht mit der Verletzung an deiner Hand!“ Sie deutete auf den dicken Verband, den sie notdürftig darum gewickelt hatte.

Kaum hatte sie ihn wieder an seine Hand erinnert, durchfuhr ihn ein pochender Schmerz und Ferhad verzog das Gesicht.

„Inne Stunde kommt meine liebe Freundin Gesche. Die hat lange beim Doktor als Sprechstundenhilfe gearbeitet und kennt sich bannig aus“, informierte ihn Erne. „Über Hinrich machst dir man kein Kopp, min Jung, der hat dat Reden nich erfunden!“

Einen kurzen Moment ließ Ferhad seinen Blick zwischen dem einladenden Bett und den aufmunternden Gesichtern seiner beiden Lehrerinnen hin- und herschweifen. Kurz darauf gab er sich geschlagen. Es blieb ihm sowieso keine andere Wahl. „Vielen Dank, liebe Erne!“, sagte er. „Das ist sehr nett von dir und deine Mann. Ihr seid gute Menschen. Ich weiß nicht, wie ich mehr Danke sage …“ Mit schmerzverzerrter Miene klopfte er mit der verletzten Hand auf seine linke Brust und verbeugte sich leicht in Ernes Richtung.

„Lass man gut sein, min Seuten. Wenn ich mal in Syrien bin, dann hilfst mir eben genauso!“ Ferhad bemerkte, dass Ernes Augen feucht glänzten. „So, ihr zwei Hübschen und nu lass ich euch mal allein. Wenn wat is, wir sin unten inne Stube.“ Sofort drehte sich die Hausherrin auf ihren flachen Absätzen um und ging zur Tür.

„Dankeschön“, rief Ferhad ihr noch hinterher.

„Danke, Erne“, sagte auch Sophie. Kaum ist die Tür ins

Schloss gefallen, machte sie ein paar Schritte auf ihn zu. Bevor sie jedoch ihre Arme um seinen Hals legen konnte, hielt er sie sanft zurück und stammelte verlegen: „Entschuldigung … aber ich war lange auf die Turm …“

„Ja, und …?“

„Du bist so wunderschön und frisch und …“

„Was und …?“

„Ich muss duschen!“, presste er schließlich hervor.

„Na klar!" Sophie lächelte. „Ich warte hier.“

Erleichtert griff Ferhad nach dem Handtuch und öffnete den Schrank, um sich frische Wäsche, eine Jeans und ein weißes T-Shirt in seiner Größe zu nehmen.

„Warum hat Erne die Sachen?“, fragte er irritiert.

„Erne hat ’n guten Draht zu dem Klamottenladen bei euch ums Eck. Die haben ihr bestimmt was mitgegeben.“

„Das ist super.“ Auf dem Weg zur Tür hielt er einen Moment inne. „Ich habe eine Frage: Wer ist dieser von und zu Spannich?“

32

Auf dem Revier

Al-Rhamani fuhr sich mit beiden Händen über seine Glatze. Der Salafismusbeauftragte saß mal wieder in dem kleinen fensterlosen Verhörraum auf der Bergedorfer Polizeiwache und verfolgte mit wachsamen Augen die bohrenden Fragen des neben ihm sitzenden Kommissars.

„So, Herr Hasan Saied … noch einmal von vorn: Sagen Sie mir bitte, was Sie in der Brandnacht am Brandort gemacht haben.“ Spannich wartete, bis der Übersetzer an der Seite des Verdächtigen seine Frage auf Arabisch wiederholt hatte.

„Am Brandort? Was für ein Brandort? Bei uns?“ Hasan sah den Kommissar irritiert an. Seit dem Eintreffen der Polizei im Gemeindehaus war ihm sein stets freundliches Lächeln aus dem Gesicht gewichen. Am heutigen Morgen hatten sie sich alle sehr erschrocken, als der besorgt blickende Pastor Warmeling in Begleitung von zwei Polizisten im Dachgeschoss aufgetaucht war. Mit äußerst ernsten Mienen war ihm und Yassir mitgeteilt worden, dass ein Kommissar sie zum Verhör auf seinem Revier erwartete.

„Natürlich nicht bei Ihnen“, entgegnete Spannich ungeduldig und ruckelte dabei an seiner Brille herum. „Es verhält sich doch folgendermaßen: Auf das Haus Ihrer Lehrerin Sophie Lilienthal ist in der Nacht zum Mittwoch ein Brandanschlag verübt worden. Unsere Spurensicherung hat unterhalb des Dachfensters Zigarettenkippen mit Ihrer und der DNA Ihres Mitbewohners, Herrn Yassir al-Latif, gefunden. Wie erklären Sie sich das?“

Verständnislos sah Hasan vom Übersetzer, zu al-Rhamani und schließlich wieder zu Spannich, bevor er mit aufgeregter Stimme dem Übersetzer antwortete: „Das weiß ich nicht! Ich verstehe es nicht! Wir waren doch den ganzen Abend bei Herrn Kloss. Er hatte uns eingeladen.“ Einen Moment hielt er nachdenklich inne und fuhr dann fort: „Als wir die Straße zurückliefen, haben wir einen Brandgeruch bemerkt und miteinander darüber geredet. Das müssen Sie mir glauben! Wir sind dann weiter nach Hause gegangen und haben auch bei uns diesen Gestank festgestellt.“

Spannich nickte zustimmend. „Korrekt. Auch dass Sie Herrn Kolberg gerufen haben, der mich schließlich als Experten hinzugezogen hat. Alles richtig. Nur … wie kommen Ihre Zigarettenkippen zu dem anderen Haus? In dem es gebrannt hat!“

„Das weiß ich nicht!“ Verzweifelt hob Hasan beide Arme in die Luft.

Spannich lehnte sich zurück. Die vorherige Befragung des anderen Syrers hatte genau dasselbe ergeben. Auch die Interventionen des Salafismusbeauftragten al-Rhamani hatten keine weiteren Erkenntnisse gebracht. Die Männer konnten sich nicht abgesprochen haben. Das lag nicht nur auf der Hand, sondern das sagte ihm seine auf langjährige Erfahrung beruhende Intuition. Sein Handy vibrierte auf dem Tisch. Umgehend las er die neue Nachricht von einem Kollegen der Spurensicherung:

„Bitte melden. Neuer Fund!“

„Bitte, entschuldigen Sie mich für einen Moment“, informierte er kurz die Runde.

Vor der Tür wurde er bereits erwartet. Norbert Hust war der dünnste Mensch, den Spannich kannte. Außerdem sah er seinem Gegenüber nie direkt in die Augen. Mit ausgestrecktem Arm hielt er ihm eine Plastiktüte mit einem braunen Fläschchen entgegen.

„Volltreffer!“, kommentierte er den Fund mit hoher Fistelstimme.

„Ja?“

„Das ist das Schlafmittel, welches dieses Labor und auch wir im Kuchen gefunden haben.“

„Und woher stammt es?“, fragte Spannich nach. Er gab es auf, den Blickkontakt mit dem Kollegen zu suchen, und starrte wie gebannt auf das Fläschchen.

„Sie werden’s nicht glauben, aber dieser Herr Kloss hat das Zeug doch tatsächlich in seinem Hausmüll entsorgt!“

„Herr Kloss? Der mit den Bildern?“

„Genau der.“

Spannich rückte seine Brille zurecht, fuhr sich über den Seitenscheitel und schürzte die schmalen Lippen, bevor er mutmaßte: „Heißt also: Er wollte die Syrer absichtlich in den Tiefschlaf befördern, damit sein Kompagnon in Ruhe das Bild mitnehmen konnte.“

„So kann es sich abgespielt haben.“

„Gut. Jetzt müssen wir nur noch das winzige Detail mit der Explosion klären. Und den Brand. Außerdem ist dieser eine Syrer nach wie vor verschwunden.“

„Kollege Krupp hat im Übrigen noch etwas zum Sprengstoff herausgefunden.“ Mit seinen dünnen Fingern blätterte er umständlich in einer braunen Akte. „Also, der Täter hatte wohl Zugang zu Substanzen aus denen Ammoniumnitrat und Salpetersäure neutralisiert werden können.“

„Was für Substanzen?“

„Handelsüblicher Mischdünger. Im Netz gibt’s ganz brauchbare Anleitungen, wie man seinen eigenen Knalleffekt bauen kann - quasi für den Attentäter von nebenan.“

Spannich dachte schweigend über die soeben erhaltenen Informationen nach und wurde kurz darauf von seinem Gegenüber unterbrochen: „Was ist denn mit den Zigarettenkippen?“

„Die Herren da drinnen behaupten, nicht dort gewesen zu sein.“

„Glaubhaft?“

„Tja …“

„Wie jetzt?“

„Es geht um das Motiv - die Motivation, einen Brand zu legen. Die Syrer haben doch eigentlich nur Vorteile durch ihren Aufenthalt im Gemeindehaus. Warum sollten sie das Haus ihrer ehrenamtlichen Deutschlehrerin in Schutt und Asche legen wollen?“

„Das müssen Sie herausfinden, Herr Kommissar.“

33

In flagranti

Sie brauchte einen Beschützer. Jetzt erst recht. Wieso hatte er es nur so weit kommen lassen? Warum hatte er sie in Gefahr gebracht? Sein verwirrter Verstand konnte ihm bei dieser Frage nicht weiterhelfen. Wenigstens hatte er noch in der Nacht die Feuerwehr gerufen und sich dann geschworen, ihr in Zukunft beiseitezustehen. Jeden Abend nach der Schicht bei Opa schwang er sich auf sein Fahrrad und fuhr bei Sophie vorbei. Hinter einer hohen Hecke auf dem Friedhof versteckte er sich und beobachtete von dort aus ihr Elternhaus. Letzte Woche hatte sie noch erzählt, dass nach dem Histospiel eine strenge Lernphase auf sie wartete. Sophie war immer sehr diszipliniert und ließ sich durch nichts von ihren Büchern ablenken. Umso erstaunter war er, dass sie stets um dieselbe Zeit - so gegen sechs - das Haus verließ und auf ihrem Fahrrad, das mit auffälligen rosa Blumen bedruckt war, durch das Stegelviertel über die Brücke nach Curslack radelte. Während er ihr mit großem Abstand folgte, war ihm schon beim ersten Mal ihre gut gefüllte Tasche auf dem Gepäckträger aufgefallen. Zu seiner Überraschung bog sie jedes Mal auf das Grundstück vom Hof Wulffke ein. In dem rotgeklinkerten Gebäude wohnten nur die alte Erne und ihr grummeliger Mann Hinrich. Was wollte Sophie bei diesen Leuten? Er wusste, dass Erne ebenfalls zu diesen unverbesserlichen Gutmenschen gehörte, die Deutschkurse gaben. Konnte man sich darüber stundenlang austauschen? Irgendwann musste das Thema doch mal abgehandelt sein. Und warum nahm sie immer diese große Tasche mit?

Praktischerweise hatte er auf dem nicht einsehbaren Nachbargrundstück eine dicht stehende Baumgruppe entdeckt, von dem aus man die seitliche Haustür der Wulffkes und Sophies daneben abgestelltes Fahrrad beobachten konnte. Ihm war bekannt, dass die direkten Nachbarn noch älter als Erne und ziemlich schwerhörig waren. Außerdem hatten die Herrschaften ihren wild wuchernden Garten schon lange nicht mehr betreten. Erleichtert stellte er fest, dass ein Metallstuhl in der Nähe der Baumgruppe vor sich hinrostete. Darauf ließ er sich nieder. Um sich die Zeit des Wartens zu vertreiben, spielte er auf dem Handy und griff von Zeit zu Zeit zu den Essensvorräten in seiner Fahrradtasche. Resigniert gab er sowohl am Mittwoch als auch am Donnerstag jeweils gegen Mitternacht seinen Beobachterposten auf, da Sophie sogar die Nacht bei den Wulffkes zu verbringen schien.

Der Freitag begann wie die vorangegangenen Tage. Kaum war Sophie im Haus verschwunden, ließ er sich wieder auf dem Stuhl zwischen der Baumgruppe nieder. Nach einem weiteren sonnigen Spätfrühlingstag war es auch am Abend noch sehr warm. Die nächsten fünf Stunden verbrachte er wieder mit Handyspielen. Kurz bevor er beim neunten Level angelangt war, öffnete sich die Haustür und Sophie erschien auf der Schwelle. Auf die Entfernung hin konnte er deutlich erkennen, dass ihre Wangen gerötet waren. Sie strahlte irgendwie von innen heraus. Dieses besondere Lächeln war ihm vertraut. Zu vertraut. So lächelte sie nur, wenn … seine Gedanken wurden jäh unterbrochen. Aus dem oberen Stockwerk des Gebäudes ertönte ein quietschendes Geräusch. Sein und auch Sophies Blick wanderten umgehend in die Höhe. Langsam öffnete sich ein kleines Fenster im Dachgeschoss. Ein mittelblonder Haarschopf neigte sich zu ihr herunter. Gegenseitig warfen sie sich

Kusshände zu. Geschockt sackte er auf seinem Stuhl zusammen. Sein Handy fiel dabei auf den harten Boden.

*

Wenn Ferhad sich nicht ständig um seine Freunde und vor allem um seinen Bruder sorgen würde, dann hätten dies die drei glücklichsten Tage in seinem Leben sein können. Endlich musste er sich nicht mehr auf dem ungemütlichen Turm verstecken. Auch wenn er sich immer noch aus der Öffentlichkeit fernhielt, konnte er sich fast wieder wie ein normaler Mensch fühlen. Um seine verletzte Hand hatte Ernes Bekannte nach einer schmerzhaften Jodbehandlung einen dicken Verband gewickelt. Zum Glück mussten die Schnitte nicht genäht werden. Jeden Tag wurde er mit leckerem Essen versorgt. Aus Versehen hatte er einmal Schweinefleisch gegessen, das in kleinen Stücken in diesen gebratenen Eierkartoffeln steckte. Sogar Ernes Mann wurde mit der Zeit freundlicher. Immer wieder hatte Ferhad seine Hilfe angeboten, bis er ihm endlich beim Streichen diverser alter Möbel helfen durfte. Dieses erledigte er in einem kleinen Schuppen direkt am Haus, damit ihn die Arbeiter oder andere Besucher des Hofes nicht sahen. Solange die Ermittlungen noch liefen, wollten er und seine Helfer kein Risiko eingehen. Sie hatten sich auch dagegen entschieden, seinem Bruder Bescheid zu sagen. Schließlich sollte Khaled keine Falschaussage machen.

Das Beste an der neuen Freiheit war sein eigenes Zimmer. Das letzte Mal hatte er vor der langen Flucht allein in einem Raum schlafen dürfen. Bei seinen Eltern. In seinem Kinderzimmer, das es laut der Facebooknachricht eines ehemaligen Nachbarn nicht mehr gab. Zum Glück blieb er hier oben nie lange allein. Sophie besuchte ihn jeden Abend.

Anfangs war es ihm vor Erne und Hinrich ziemlich unangenehm gewesen, dass auch sie die Nacht in deren Haus verbrachte. In seinem Zimmer. In seinem Bett! In Syrien wäre dies schier undenkbar. Unmöglich!

Als Sophie in seinem Beisein Erne direkt gefragt hatte, ob sie bei ihm bleiben dürfte, entgegnete die nur: „Min lütten Deern, du kannst doch unmöglich in deinem verrußten Zimmer schlafen!“ Dann hatte sie sich an Ferhad gewandt: „Wenn dich dat nich stört, min Jung, dann is sie hier herzlich willkommen.“

„Nein … äh … ja … natürlich“, hatte Ferhad mit knallrotem Gesicht gestammelt.

Sophie blieb also über Nacht. Es war wunderschön mit ihr. Gerne würde er sie seiner Mutter vorstellen. Vater wäre bestimmt stolz auf die hübsche Freundin seines Sohnes. Natürlich würde er ihnen nicht erzählen, was sie miteinander machten. Selbst Verlobte konnten sich bei ihm zu Hause fast nur in der Öffentlichkeit treffen - am besten unter der wachsamen Aufsicht eines Familienmitgliedes.

Viel zu schnell waren die Nächte vorbei. Jeden Morgen nach einem ausgiebigen Frühstück in Ernes Küche verließ Sophie das Haus, um für ihre Prüfungen zu lernen. Auch er wollte endlich studieren, so wie seine Freundin. Leider würde es noch ein bisschen dauern. Seine Zeugnisse mussten anerkannt werden und ein weiterer Deutschkurs, der ihn auf ein Studium vorbereiten sollte, wartete auf ihn. Vor allem musste endlich diese ganze unangenehme Situation aufgeklärt werden, in der er sich befand.

Sehnsüchtig schaute Ferhad ihr an diesem Abend hinterher. Langsam fuhr sie auf ihrem Blumenfahrrad die Auffahrt hoch. Sophie wollte gegen halb zwölf zu Hause sein, weil ihre Eltern dann endlich aus dem Urlaub zurückkamen. Bestimmt hatten sie eine Menge zu besprechen. Vor allem über den Brandanschlag und die kaputte Tür im Wintergarten. Sie würden ihm deswegen hoffentlich nicht böse sein. Schließlich hatte er ihre Tochter nur so aus ihrem brennenden Zimmer retten können.

*

Noch nie war er mit seinem Fahrrad so schnell gerast. Der Schreck steckte ihm noch in allen Gliedern. Wieder dieser Kerl! Wie konnte Sophie nur so blind sein? Wieso ließ sie sich mit so einem ein? Warum rannte sie mit offenen Augen in ihr eigenes Verderben? Mit jedem Tritt in die Pedale verwandelte sich der anfängliche Schock in Wut. Wie ein schleichender Virus breitete sich ein eiskaltes Gefühl in ihm aus und nahm innerhalb von kürzester Zeit seinen ganzen Körper in Besitz. Daran konnten auch die fast sommerlichen Temperaturen nichts ändern. Niemals hätte er gedacht, dass sich Wut gepaart mit Hoffnungslosigkeit so kalt anfühlen könnte. Jegliche Hoffnung war in ihm gestorben. Dieser eine Blick hatte alles in ihm abgetötet.

Einmal noch. Ein letztes Mal würde er die Pfeile noch benötigen. Dann war der Spuk endlich vorbei! Mit kalter Entschlossenheit griff er nach dem Rucksack, der in seinem kleinen Zimmer unterm Bett stand. Hoffentlich lag alles nach wie vor an seinem Platz. Da seine Eltern den ganzen Tag in ihrer Gärtnerei arbeiteten, setzten sie nie einen Fuß in sein Jugendzimmer, an dessen Wänden nach wie vor Motorradposter hingen. Er erinnerte sich, dass sie an diesem Abend bei einem Freund aus dem Schützenverein zum Geburtstag eingeladen waren. Zumindest hatte Opa Hermann ihm das erzählt. Hektisch stürmte er wieder aus dem Haus und schwang sich auf sein Fahrrad.

Mit zittrigen Fingern betätigte er das Feuerzeug, um die

mit einem alten Stofffetzen umwickelte und in Spiritus getränkte Pfeilspitze anzuzünden. Dabei achtete er darauf, dass die Blätter in der geschützten Baumgruppe kein Feuer fingen. Er trat einen Schritt aus dem Dickicht heraus und positionierte sich seitlich von dem Rotklinkergebäude. Mit einem zugekniffenen Auge visierte er das obere Fenster an. Seine Hand zitterte stark. Die ersten Versuche prallten unterhalb des eigentlichen Ziels von der Hauswand ab und landeten teilweise noch brennend in Ernes akkurat gepflegten Blumenbeeten. Trotzdem ließ er sich nicht entmutigen. Er musste einfach treffen. Er musste! Beim nächsten Versuch veränderte er nur geringfügig seine Position. Schon beim Zurückschnellen der Sehne überkam ihn ein gutes Gefühl. Triumphierend folgte sein Blick dem surrenden Feuerschweif. Endlich - er hatte es endlich geschafft! Ohne ein weiteres Geräusch zu verursachen, verschwand der brennende Pfeil im geöffneten Fenster. Dem Kerl dort oben würde das Grinsen noch vergehen! Nie wieder würde sie ihm fröhlich zuwinken - nie wieder!

34

Auf der Suche

Was war das? Erschrocken zuckte Ferhad auf dem Bett zusammen. Dabei fiel ihm sein deutsches Lehrbuch aus der linken Hand. Wenn er nachts nicht in den Schlaf finden konnte, beschäftigte er sich oft mit der schwierigen deutschen Grammatik. Über den Erklärungen zum Relativsatz musste er eingenickt sein. Schlaftrunken rieb er sich die Augen. Waren dieses seltsame Surren und der anschließende dumpfe Aufprall vielleicht nur Teil seines Traums? Auf einmal roch es in dem kleinen Zimmer beißend nach Feuer und Brennspiritus. Instinktiv wollte er von der Matratze auf den Boden springen. Doch die Flammen, die aus dem schmalen Teppich loderten, den Erne gestern Morgen neben das Bett gelegt hatte, hielten ihn davon ab. Panisch sah er sich in seinem Zimmer um und griff zu der Wolldecke am Fußende. Mit kräftigen Schlägen gelang es ihm, die noch niedrigen Flammen rasch zu ersticken. Der schrecklich vertraute Geruch ließ vor seinem inneren Auge einen Film ablaufen, an den er sich nie gewöhnen wollte: Menschen, die aus ihren brennenden Häusern liefen. Nachbarn, die mit bloßen Händen Brände löschten. Weinende Frauen. Verzweifelt schreiende Männer. Verängstigte Kinder. Warum war er gezwungen, innerhalb von wenigen Tagen schon wieder ein Feuer zu löschen? Fassungslos starrte Ferhad vom angesengten Bettvorleger, auf dem die Reste eines langen Holzstabs mit einem kugelförmigen Endstück lagen, zum offenstehenden Fenster. Als er sich endlich aus seiner Starre lösen konnte, machte er zwei schnelle Schritte darauf zu, um hinauszusehen. Ein prüfender Blick auf die leere Auffahrt und die weitere Umgebung ergab nichts. Kein Mensch war dort draußen zu entdecken. Nackte Angst stieg in ihm hoch. Nein, er wollte nicht schon wieder Angst haben. Er hasste dieses lähmende Gefühl. Er musste Hilfe holen! Entschlossen stürzte er die Treppe hinunter und riss die Tür zur Stube auf.

Hinrich lag auf dem braunen Ledersofa. Er war mal wieder vor dem Fernseher eingeschlafen. Ferhads polternder Auftritt weckte ihn sofort. Erkennbar irritiert über die späte Störung drehte er seinen Kopf zur Tür und fragte unwirsch: „Wat 'n los?“

„Feuer!“, rief Ferhad außer Atem. „In mein Zimmer!“

„Oh!“ In Sekundenschnelle sprang Hinrich vom Sofa hoch und wollte zum Telefon greifen.

„Ich habe ausgemacht“, stammelte Ferhad. „Mit Decke!“ Hinrich ließ die Hand sinken. Schweigend sahen sich die beiden an. „Feuer kommt durch Fenster.“

„Wie jetzt?“, entgegnete der ältere Mann ungläubig. Er schien kurz zu überlegen. „Und hast den Brand echt gelöscht?“

„Ja, es ist aus“, bestätigte Ferhad nicht ohne Stolz in der Stimme.

„Dann lass mal draußen kieken.“

Als sie fast gleichzeitig aus der Eingangstür in die Nacht hinausstürzen wollten, stellte sich ihnen Erne in den Weg. Im Nachthemd.

„Wat is hier denn los?“, fragte sie aufgebracht.

„Da war 'n Feuer in sein Zimmer. Is nu aus.“

„Feuer? Und wat wollt ihr draußen?“

„Der Lütte sacht, dat is durchs Fenster gekommen. Wir geh'n mal kieken.“

„Un wat is mit de Feuerwehr?“

Hinrich überlegte kurz. Beim Rausgehen rief er seiner Frau noch zu: „Geh man erst oben kieken und mach dann wat du denkst.“

*

„Ja, Erne, was gibt’s?“, sprach Karlo verschlafen in den Hörer. Obwohl es schon nach Mitternacht war, lag er noch immer auf Tante Elfis geblümtem Fernsehsofa, das Gianna eigentlich längst auf die Sperrmülliste geschrieben hatte. Seit sie zur Beobachtung im Krankenhaus lag, war dies sein bevorzugter Schlafplatz.

„Chef, bei uns gab’s ’n Brandstifter. Hinrich und …“ Sie zögerte einen Moment. „ … Ferhad suchen ihn im Dorf.“

„Ferhad?“ Er stutzte. „Der Vermisste? Ich komme!“

Auf dem Weg zum Fahrradschuppen schickte Karlo mal wieder eine kurze Nachricht an seine WhatsApp-Gruppe. Nach dem Versenden schwang er sich auf sein Fahrrad und fuhr los.

*

Karlos Nachricht verbreitete sich in Windeseile. Innerhalb von kürzester Zeit brannte in unterschiedlichen Gebäuden der Curslacker und Neuengammer Dorfkerne Licht. Mehrere Haustüren wurden in dieser Nacht aufgerissen. Die Bewohner stürzten aus ihren Häusern, um bei der Ergreifung des mysteriösen Brandstifters mitzuhelfen. Vor einigen Jahren hatte es schon einmal einen Feuerteufel gegeben, auf dessen Konto die unwiederbringliche Zerstörung mehrerer alter Reetdachhäuser ging. Der damalige Schock saß immer noch tief.

Kaum war Karlo auf Ernes Hof eingebogen, folgte ihm

auch schon der Löschwagen der Freiwilligen Feuerwehr, die die Hausherrin zur Vorsicht doch noch gerufen hatte. Während er sein Fahrrad zwischen Hauseingang und Beet abstellte, schickte Erne vier uniformierte Männer mit energischer Stimme ins Dachgeschoss: „Ganz nach oben! Dat mittlere Zimmer!“

„Los Männer!“, befahl der Anführer.

„Komm mal eben Erne“, rief Karlo seine Hausdame zu sich.

„Wat is?“ Erne zupfte an ihrer langen Strickjacke, die sie sich mittlerweile über das Nachthemd gezogen hatte. Ihre Hochsteckfrisur schien sie schnell improvisiert zu haben. Einige Strähnen schauten heraus.

„Habt ihr diese Stäbe ins Beet gesteckt?“ Er deutete auf mehrere brennende Holzstäbe, die teils auf der Erde lagen, teils wie eine Fackel aus dem Boden ragten.

„Nee, wat is dat denn?“, fragte Erne aufgeregt.

Karlo sah nach oben zum Dachfenster und stellte nüchtern fest: „Tja, da war zum Glück nicht jeder Schuss ein Treffer.“

„Du ahnst es nich! Meine schoinen Rosen!“ Erne fasste sich bestürzt an beide Wangen.

Mit beherzten Tritten erstickte Karlo die kleinen Flammen. „So, deinen Blumen ist nicht viel passiert.“ Während er wieder aus dem durchwühlten Beet herausstieg, erkundigte er sich: „Wo sind eigentlich Hinrich … und Ferhad?“

„Dat weiß ich nich! Die Jungs wollten eben draußen kieken. Die sind noch wech. Wat ’n Kladderadatsch!“ Erne schüttelte ungläubig den Kopf.

„Jetzt erklär mir mal eins: Wieso war der bei euch?“, fragte Karlo mit deutlich erkennbarem Unmut. Erst sollte er den verschwundenen Syrer so schnell wie möglich überall suchen und nun tauchte dieser mir nichts dir nichts bei den

Wulffkes wieder auf.

„Dat is ’ne lange Geschichte“, entgegnete Erne mit Blick auf die ersten Ankömmlinge, die die Einfahrt herunterkamen.

Nach wenigen Augenblicken guckten die uniformierten Feuerwehrleute wieder zur Haustür heraus.

„Oben is allens o.k. Da brennt nix mehr“, informierte der Wehrführer Erne und die stark wachsende Schar der alarmierten Dorfbewohner.

„Und wat nu?“, fragte Erne. „Der Kerl läuft hier noch irgendwo rum! Denkt doch nur mal an den Anschlag auf Sophies Haus!“

„Und auf das Dachgeschoss im Gemeindehaus!“, ergänzte Karlo.

„Und an Gerd!“ Erne schlug die Hände zusammen. „Wat is hier nur los?“

Die Menschenmenge murmelte aufgeregt durcheinander. Jeder wollte unbedingt auch noch seine Sicht zu den Vorkommnissen beitragen.

„Ruhe!“, schrie der Wehrführer mit geübter Stimme. Sofort erstarben alle Gespräche. „Wer mitsuchen will, soll herkommen!“

Die gut vierzig Personen bewegten sich einige Schritte auf die Feuerwehrleute zu.

„Gut. Ich teil euch in Dreiergruppen ein …“ Nach dem Zufallsprinzip stellte er die Suchmannschaften zusammen. Danach nahm er eine Umgebungskarte zur Hand und zeichnete einen spiralförmigen Weg mit einzelnen Abschnitten ein. Schließlich reichte er die Karte seinen Untergebenen, die damit von Gruppe zu Gruppe gingen.

„Nehmt Taschenlampen mit oder benutzt eure Handys. Kiekt in Hauseingänge, offenstehende Schuppen, Ställe, Garagen, Carports oder Gewächshäuser. Er kann überall sein!“

„Den kriegen wir, den Lump!“, tönte der rotgesichtige Knut, der nicht zuletzt durch seinen nur wenige Tage zurückliegenden erfolgreichen Beitrag zur Ergreifung des Bilderdiebs regelrecht euphorisch bei der Sache war. Aufmunternd schlug er seinem Gesangvereinskollegen auf die Schulter. „Los Hermann, dat wär ja gelacht!“

„Nur suchen und sichern - keine rohe Gewalt anwenden!“, rief der oberste Wehrführer den aufbrechenden Suchtrupps noch hinterher.

„Sollen wir ihn vielleicht streicheln, oder wie?“, flachste Knut.

„Und ’Du du du!‘ sagen?“, fragte sein Kumpel Uwe grinsend.

„Auf die stille Treppe setzen?“, lautete ein weiterer Vorschlag aus der unruhigen Menge.

„Dat hier mal eins klar is: Bestraft wird er vom Richter - wir suchen nur! Dann man tau!“ Mit diesen letzten mahnenden Worten wurden die Gruppen losgeschickt.

*

Kaum hatten die Suchtrupps den Hof Wulffke verlassen, bog ein blauer Audi in die Auffahrt ein. Karlo hatte Erne zuvor gut zureden müssen, bevor er den Kommissar informieren durfte.

„Der nimmt doch sofort den Jung mit! Den hat er auf’m Kieker!“

„Wenn Ferhad unschuldig ist, dann braucht er sich doch gar keine Sorgen machen“, versuchte Karlo seine Hausdame zu besänftigen. „Die Polizei muss jetzt unbedingt mithelfen, diesen Brandstifter zu suchen. Das schaffen wir unmöglich allein! Wer weiß, was der hier noch alles anzünden will.“

Hinter Spannichs Wagen hielten weitere Polizeiautos an

der Straße. Der Kommissar bedeutete seinen Kollegen zu warten und eilte auf den Hauseingang zu. Mit knappen Worten informierte ihn Karlo über den Brand im Dachgeschoss. Nachdem Erne ihrem Chef kurz zuvor in groben Zügen von Ferhads Turmaufenthalt und seinem Umzug in ihr Haus berichtet hatte, wollten sie in Anwesenheit des Kommissars zunächst nur von einem Arbeiter sprechen, der in dem oberen Zimmer wohnte.

„Wo ist der Mann jetzt?“, fragte Spannich mit eng zusammengekniffenen Augen.

„Mit Hinrich auffe Suche“, antwortete Erne knapp.

Im selben Moment trat der Wehrführer zu ihnen. Nach einer kurzen Begrüßung schilderte er dem Kommissar die Lage und die genauen Wege der Suchtrupps. Mit der beschrifteten Karte in der Hand hasteten die beiden Männer an die Straße und erklärten den dort wartenden Polizisten, in welche Richtung sie sich begeben sollten. Kurz darauf fuhren die vollbesetzten fünf Wagen davon.

„Sie bleiben am besten hier“, wies der Kommissar die Hausherrin bei seiner Rückkehr an. „Die Brandstätte werden sich später noch die Kollegen von der Spurensicherung ansehen. Bitte verändern Sie dort nichts. Herr Kolberg, was ist mit Ihnen?“

„Ich werde jetzt zu meinem Abschnitt fahren.“

„Gut. Ich will dann auch mal los. Haben Sie Ihr Handy griffbereit?“

„Jo!“

„Dann wollen wir die Sache zu einem erfolgreichen Ende bringen.“

*

Spannich stellte sein Auto an vertrauer Stelle zwischen

Kirchturm und Sophies Elternhaus ab. Mit wachsamem Blick umrundete er zunächst das Haus. Alles schien ruhig. Nur eine Eule rief in die Stille der lauen Nacht. Neuerdings stand ein Wohnmobil auf der Auffahrt. Spätestens heute mussten Sophies Eltern die Folgen der Brandnacht mitbekommen haben.

Kurz entschlossen überquerte er die Straße. Bis zur Neuengammer Kirche schien noch kein Suchtrupp gekommen zu sein. Als er sich über knirschenden Kies dem Turm näherte, fiel ihm auf, dass dessen Tür einen Spalt offenstand. Vorsichtig öffnete er sie und trat ein. Am Fuß der Treppe stolperte er fast über einen dort abgestellten Rucksack. Dünne Holzstäbe ragten daraus hervor. Außerdem stieg ihm Benzingeruch in seine empfindsame Nase. Routinemäßig streifte er sich Gummihandschuhe über und schaltete seine Handylampe ein, um den Inhalt der Tasche zu überprüfen. Beim Herausziehen eines Stäbchens stellte sich heraus, dass es sich um einen Pfeil handelte. Interessant. Eine weitere Untersuchung des Rucksackinhalts förderte eine Flasche Brennspiritus, mehrere alte Lappen sowie ein Feuerzeug zutage. Außerdem befanden sich in einer der Außentaschen ein paar Zigarettenkippen. Das würde die Kollegen von der Spurensicherung garantiert brennend interessieren! Vorsichtig rückte er das Fundstück zur Seite und starrte nach oben. Trotz eines mulmigen Gefühls begann er, langsam die steile Treppe emporzusteigen. Ihm kamen Zweifel. Hätte er besser Verstärkung anfordern sollen? Das würde viel zu lange dauern, schob er den Gedanken beiseite. Oben angekommen empfingen ihn drei wuchtige Glocken. In der Dunkelheit sahen sie aus wie stumme Wächter. Er atmete einmal tief durch. Wenn die riesigen Dinger loslegten, wollte er nicht in der Nähe sein! Nach einer Weile schaltete er die Handylampe wieder ein und ließ den Lichtkegel durch den düsteren

Raum schweifen. Ehrfurchtsvoll richtete er seinen Blick ins hohe Gebälk. Auch viele Berufsjahre konnten nicht verhindern, dass er sich mitten in der Nacht hier oben äußerst unbehaglich fühlte. Als der Lichtstrahl einen Bereich neben der rechten Glocke erleuchtete, kniff er ungläubig die kleinen Augen zusammen. Zu seinem Erstaunen lagen dort ein paar alte Decken übereinander. Geradeso als wollte es sich ein Mensch darauf bequem machen. Daneben befanden sich ein paar verstreute Plastiktüten. Auch hier würden die Kollegen bestimmt einige Spuren finden können. Von draußen war wieder die Eule zu hören. Oder sagte man eher Käuzchen? Ihm fiel auf, dass sich an allen Außenwänden schmale Lichtschlitze befanden, die einen Blick in die nähere Umgebung ermöglichten. Angestrengt starrte er vom Anfang der Straße hinüber zum Gemeindehaus. Wie ausgestorben lag der Feldstegel vor ihm. Wann würden die Suchtrupps hier ankommen? Oder hatten sie den Brandstifter womöglich schon entdeckt? Bevor er im Handy nachsehen konnte, vernahm er einen lauten Aufprall. Ganz in der Nähe. Als wäre jemand aus großer Höhe hinuntergesprungen. Kurz darauf verspürte er einen dumpfen Schlag auf den Hinterkopf. Innerhalb von wenigen Augenblicken umhüllte ihn schmerzhafte Dunkelheit.

*

„Da isser!“

„Wo?“

„Na, da, hinterm Gewächshaus! Da war ’n Schatten … von ’nem Menschen …“

Leise schlichen sich Knut, Hermann und Uwe an das letzte Gebäude heran. Das Glashaus lag sehr nahe an der Dove-Elbe auf dem Nachbarhof von Wulffkes. Als einer der ersten Suchtrupps hatten sie sich nicht weit vom Brandort entfernt. Mit vorsorglich ausgeschalteten Taschenlampen.

Vorsichtig linste Knut um die Ecke.

„Dat sind zwei!“

„Zwei?“

„Jo, zwei Mann sitzen da!“

Hermann dachte nach. Er war der Älteste in der Runde und nicht so gut zu Fuß wie die anderen beiden. Als langjähriger Seniorchef war er es gewohnt, einsame Strategien zu entwickeln und Entscheidungen zu fällen.

„Uwe, du geihst man besser außen rum. Wenn du drüben anne Ecke angelangt bist, schickst uns ’ne Nachricht und zählst bis drei. Dann gift dat ’ne Überraschung von beiden Seiten.“

„Dat löpt!“ Sofort entfernte sich der offizielle Fahnenträger des Gesangvereins Gaudi von seinen Kollegen. Dank eisernen Trainings im Fitnessstudio hatte sich sein Rückenleiden in den letzten Monaten gelegt.

„… drei … und los!“, flüsterte Knut nach einer Weile.

Wie Indianer auf Fährtensuche schlichen sie von beiden Seiten des Gewächshauses auf die Rückwand zu. Kurz bevor sie sich auf die Gestalten stürzen konnten, schreckte einer der beiden hoch.

„Ey, hiergeblieben!“, schrie Knut von seiner Seite.

Als sich der Mann in die andere Richtung davon machen wollte, versperrte Uwe ihm den Weg. „So weit kommt’s noch, Freundchen.“ Mit festem Griff packte er den Fluchtwilligen am Arm und drehte ihn auf den Rücken.

„Hey, lasst den Jung in Ruh!“, ertönte eine donnernde Stimme.

„Wat? Hinrich? Bist du dat?“, fragte Hermann erstaunt.

„Jo, lasst ihn los! Aber dalli!“

Uwe zögerte, aber kurz darauf gab er den verängstigten

Ferhad frei. Der schüttelte erstmal seinen schmerzenden Arm. Kaum hatte er sich wieder berappelt, suchte er verzweifelt nach einem Ausweg. Alle Seiten waren versperrt. Es blieb ihm nur noch das Wasser.

„Junge, bleib hier!“, schrie Hinrich.

Es half nichts. Ferhad machte ein paar schnelle Schritte und stürzte sich vor den Augen der drei anderen Männer in die dunkle Dove-Elbe.

35

Im Handumdrehen

Als Karlo den dunklen Audi im Feldstegel erkannte, musste er innerlich grinsen. Auch wenn er diesem kauzigen Spannich in keiner Weise nacheifern wollte, hatten sie auf der Suche nach dem ominösen Brandstifter offensichtlich beide denselben Gedanken: Oft kehrt der Täter an seinen ursprünglichen Tatort zurück.

Rund um Sophies Haus wirkte alles ruhig. Auch die benachbarten Eulen gaben keinen Ton von sich. Während er sein Rad zur Kirche schob, ließ er den sternenklaren Himmel auf sich wirken. Ein halber Mond schien auf ihn herunter. Zur Abwechslung roch es nicht verbrannt, sondern nach einer lauen Frühlingsnacht, die er viel lieber mit Gianna auf der Terrasse genossen hätte. Bei einem Glas Wein. Seufzend erinnerte er sich an seine hochschwangere Freundin, die immer noch im Krankenhaus lag.

Im Vorbeigehen wunderte er sich, dass die Tür des Kirchturms nur angelehnt war. Seines Wissens war die Tür in Curslack grundsätzlich verschlossen. Seit sich mal ein paar Jugendliche dort oben vergnügt hatten, achtete Christian immer sehr darauf. Vorsichtig lugte Karlo zur Tür hinein. Von oben waren seltsame Geräusche zu vernehmen. Stampfen, Klopfen und verzweifeltes Stöhnen. Da musste jemand in Not sein! Und er hatte auch schon eine relativ klare Vorstellung davon, wen er mal wieder aus einer brenzligen Situation befreien durfte. Verdammt! Die Treppe sah beängstigend steil aus. Und es war unglaublich dunkel in diesem Turm. Als das Stöhnen lauter wurde, fasste sich Karlo ein

Herz und kletterte vorsichtig die Sprossen hinauf. Oben angekommen, schaltete er umgehend die Taschenlampe auf dem Handy ein. Er leuchtete direkt in Kommissar Spannichs weit aufgerissene Augen.

„Hmpfmdfn …“, brummte dieser durch seinen Knebel.

„Was machen Sie denn wieder für Sachen, Herr Kommissar? Hat Ihnen der olle Schuppen letztens nicht gereicht?“ Karlo konnte sein Grinsen nicht abstellen. „Warten Sie, das haben … wir … gleich.“ Mit wenigen Handgriffen löste er den Stofffetzen vom Mund des Polizisten.

„Wirmüssenihnfinden … bindenSiemichlos, Kolberg!“

„Wen und wo?“, wollte Karlo wissen.

„Den Täter natürlich!“, blaffte Spannich ihn an.

Seelenruhig klappte Karlo sein Mini-Taschenmesser auf, das er immer am Schlüsselbund mit sich herumtrug. Mit einem beherzten Schnitt befreite er den Kommissar von den Kabelbindern und vom Treppengeländer. Erleichtert rieb sich dieser die schmerzenden Handgelenke.

„Haben Sie ihn erkennen können?“, fragte Karlo und sah zu den wuchtigen Glocken. „Wie sah er aus?“

Der Kommissar schüttelte den Kopf. „Leider nicht. Ich hatte nicht den Hauch einer Chance. Der Kerl hat mich hinterrücks niedergeschlagen.“

Karlo deutete auf den Boden. „Was sind denn das für Decken? Sieht aus, als hätte hier jemand geschlafen, oder?“

„Ich vermute, das war der verschwundene Syrer. Garantiert ist der Kerl für das alles hier verantwortlich“, behauptete Spannich im Brustton der Überzeugung. „Ich gehe fest davon aus, dass er bis zum heutigen Abend hier gehaust und mich auch niedergeschlagen hat.“

Nach kurzem Nachdenken entgegnete Karlo: „Dazu wird Erne Ihnen vermutlich eine ganz andere Geschichte erzählen können …“

„Wieso Erne?“ Der Kommissar runzelte die hohe Stirn. „Frau Wulffke etwa? Was hat sie damit zu tun?“

„Egal“, winkte Karlo ab und drehte sich zum Treppenabgang. „Jetzt suchen wir den Übeltäter, der sie so zugerichtet hat.

„Darüber wird noch zu reden sein, Kolberg!“

Bevor er die ersten Schritte nach unten unternahm, musterte Karlo den ziemlich ramponiert aussehenden Kommissar. Dabei stahl sich ein triumphierendes Lächeln auf seine Lippen.

„Worauf warten Sie?“, fragte Spannich unwirsch.

„Ich sach mal so: In Sachen Rettung sind wir quitt!“

*

Warum musste ihn jemand auf seinem Turm stören? Noch nie hatte man ihn dort gesucht. Als kleiner Junge hatte er sich mindestens einmal im Jahr dorthin zurückgezogen. Wenn seine Eltern mal wieder mit harten Strafen gedroht hatten. Und Opa nicht in der Nähe war. Er kannte sogar das Geheimversteck für den Schlüssel. Zufällig hatte er Walter einmal dabei beobachtet, als er ihn unter einem Grabstein hervorholte. Auch wenn er mit dem Rucksack auf den Schultern den endlos langen Weg vom Turm zum Gemeindehaus gerannt war, fühlte er sich innerlich trotzdem wie ein Eisblock. Seit er Sophies strahlendes Gesicht das letzte Mal gesehen hatte, umfing ihn die Kälte wie eine zweite Haut. Instinktiv wusste er, was jetzt noch zu tun war. Niemand würde ihn davon abhalten können. Auch nicht diese Vogelscheuche im Turm. Hier hatte alles begonnen. Hier würde es enden. Mit fahrigen Bewegungen stellte er seinen Rucksack auf den geteerten Boden und öffnete ihn. Zum Glück war die Flasche immer noch ziemlich voll. Das Feuerzeug klickte in seiner Hand. Entschlossen bewegte er sich auf den Eingang zu. Das Hauptportal war um diese Zeit verschlossen. Beim Seiteneingang hatte er mehr Glück. So leise wie möglich drückte er die Klinke herunter und trat ein. Ein vertrauter Geruch schlug ihm entgegen. So viele Jahre hatte er sich hier aufgehalten. Im Jugendkeller seine erste Party gefeiert. In einer der dunklen Ecken den ersten Kuss bekommen. Nicht von Sophie. Von Jeannette. Hart schluckte er die Erinnerungen herunter und stieg die Stufen empor. Auf dem oberen Treppenabsatz angekommen schraubte er den Verschluss von der Flasche. Er drehte sie um, bis sich die Flüssigkeit im Heruntergehen tröpfchenweise auf den alten Holzdielen verteilte.

*

Gemeinsam schritten Karlo und Kommissar Spannich über den Friedhof. Beide hatten ihre Handylampen eingeschaltet und leuchteten in alle Richtungen. Zuvor hatte der Polizist noch seinen Kollegen Bescheid gesagt, die sich sofort auf den Weg machen sollten. Die Brutalität des Angreifers im Kirchturm stellte er in Karlos Augen dabei ein wenig übertrieben dar: „… äußerst kräftiger Mann … skrupellos … hat nichts zu verlieren … Nein, ich hatte nicht den Hauch einer Chance … trägt wahrscheinlich einen Rucksack.“

„Woher wollen Sie das alles wissen?“, fragte Karlo nach dem Ende des Gesprächs nach.

„Was?“, entgegnete Spannich ungeduldig.

„Na, kräftig und skrupellos.“

„Also hören Sie mal, Kolberg! Der Kerl hat mich schließlich überfallen. Gefesselt und geknebelt!“

„Und das kann kein kleiner, drahtiger Mensch geschafft

haben, der unter Umständen einfach nur Panik hatte?“

„Was wollen Sie nur von mir, Kolberg?“ Spannich blieb stehen und rückte sich hektisch die Brille zurecht. „Wer von uns beiden arbeitet eigentlich schon seit Jahren für die Hamburger Polizei und hält tagtäglich seine Knochen hin? Nur weil Sie mal zufällig bei ein, zwei Fällen Ihre Finger mit im Spiel hatten, maßen Sie sich ein Urteil an? Das ist ja wohl …“

Spannichs Tirade wurde jäh unterbrochen. Aus Richtung des Gemeindehauses drangen tumultartige Schreie an ihr Ohr. Ohne sich darüber zu verständigen, legten Karlo und Spannich gleichzeitig einen beeindruckenden Sprint hin. Der offene Trenchcoat des Kommissars umwehte ihn dabei wie die widerspenstigen Flügel einer Fledermaus. Kaum waren die beiden auf dem Vorplatz des dunklen Gebäudes angekommen, bot sich ihnen ein unwirkliches Schauspiel. Karlo starrte ungläubig auf die Szene, die sich unterhalb des großflächigen Banners über dem Eingang abspielte.

Jesus Christus spricht:
…Ich war fremd und obdachlos und ihr habt mich aufgenommen.
Matthäus 25,35

Der Neuengammer Kirchenvorstand und Mitarbeiter gegen Rassismus und Ausländerfeindlichkeit!

Genau darunter hielten Khaled, Yassir und Hasan einen jungen Kerl im festen Griff. Er leistete heftigen Widerstand und schrie mit sich überschlagender Stimme: „Lasst mich los! Loslassen ihr dreckigen Terroristen!“

Yassir begrüßte den Kommissar mit einem zufriedenen

Lächeln: „Wir haben ihn auf frische Tat erschnappt!“

Mit einem Satz stand Spannich bei den Männern. Karlo folgte ihm ebenfalls und half den Syrern dabei, den nächtlichen Angreifer an die Hauswand zu drücken. Angesichts der Überzahl seiner Bezwinger ließ dessen Gegenwehr spürbar nach. Nicht ohne ein gewisses Triumphgefühl stellte Karlo fest, dass der Anfang Zwanzigjährige ungefähr einen halben Kopf kleiner und genauso schlank war wie der Kommissar.

„Wer ist das?“, erkundigte sich Spannich noch ein wenig außer Atem, während er mit fahrigen Bewegungen seine Handschellen suchte. Augenscheinlich hatte er sich von seinem unfreiwilligen Turmaufenthalt noch nicht restlos erholt. „Und wobei haben Sie ihn geschnappt?“

„Der Mann wollte Feuer machen! In diesem Haus …“, berichtete Yassir aufgeregt. „Er hat Benzin gegossen auf die Treppe. Hasan hat alles gesehen.“

„Ich habe Feuerzeug weggetreten. Mit die Füße!“ Hasan demonstrierte seinen beherzten Tritt. „Er läuft weg, aber vor die Tür alle zusammen wir halten fest.“

„Kennen Sie den Mann?“, fragte Spannich nach.

„Das ist Teamer von die Spiel“, erklärte Khaled mit ernster Stimme. „Von dem Spiel“, verbesserte er sich umgehend.

„Teamer?“, wiederholte Spannich irritiert. Auch Karlo wusste nicht, was damit gemeint sein könnte. Ihm kam der Kerl trotzdem irgendwie bekannt vor.

„Guten Abend, die Herrschaften!“, grüßte eine verschlafene aber aufmerksame Stimme. Pastor Warmeling wohnte nicht weit von seiner Wirkungsstätte entfernt. Wahrscheinlich hatte ihn der nächtliche Tumult geweckt. Über seinem karierten Pyjama hing ein XXL-Bademantel. Bestürzt blickte er dem überwältigten Übeltäter in die engstehenden Augen.

„Pascal, mein Junge, was machst du denn hier?"

„Loslassen sollen die mich!", schrie der mutmaßliche Brandstifter. „Die dreckigen Terroristen!"

„Wenn Ihnen meine Handschellen lieber sind … ", entgegnete der Kommissar und wedelte mit den metallenen Armbändern. „Wobei Sie ja eine Vorliebe für Kabelbinder zu haben scheinen. Waren ganz schön eng." Demonstrativ streckte er ihm seine rotgescheuerten Handgelenke hin.

„Aber Pascal, was ist denn passiert? Was hast du dir nur dabei gedacht?" Der Pastor sprach dabei mit einer derartig sanften Stimme, als würde ein ungezogener Grundschüler vor ihm stehen, der einen Kaugummi gestohlen hat.

Da fiel es Karlo wie Schuppen von den Augen. „Ich erkenn dich doch. Du warst im Krankenhaus. Du hast Gerd Meyer besucht!"

„Wie jetzt?" Spannich schien verdattert. „Was haben Sie denn mit dem Explosionsopfer zu tun?"

„Die sollen hier weg, die Schweine!", stammelte Pascal mit trotziger Stimme. „Die Typen bringen alles durcheinander. Als guter Deutscher ist man sich hier echt nicht mehr sicher!"

„Nun mach aber mal halblang, Freundchen …", ermahnte ihn der Pastor. „… gerade als Deutscher solltest du nicht so einen Unsinn daherreden!"

„Mir reicht's!" Wütend wollte sich Pascal noch einmal aufbäumen. „Ich hab echt die Schnauze voll! Warum muss man sich als Deutscher immer für etwas entschuldigen, das ewig lange her ist? Ich war da noch nicht mal geboren!"

Die Stimme des Kirchenmannes hatte ihre Sanftheit komplett abgelegt. „Keiner muss sich entschuldigen, aber im demütigen Umgang mit der Vergangenheit liegt eine große Kraft. Es tut gut, sich und sein Verhalten immer wieder infrage zu stellen."

„Vor allem werde ich viele Fragen haben", brachte sich Spannich in Erinnerung. „Die klären wir am besten morgen auf dem Revier, nachdem Sie sich in einer gemütlichen Zelle ausgeschla …" Sein Redefluss wurde von Adriano Celentanos *Azzurro* unterbrochen.

„Das ist mein Handy!", rief Karlo aufgeregt.

„Dann gehen Sie doch ran, in Gottes Namen!", blaffte der Kommissar unwirsch.

„Ist gerade schwierig", antwortete Karlo und machte Spannich darauf aufmerksam, dass er - zusammen mit den anderen Männern - nach wie vor damit beschäftigt war, den mit Handschellen gefesselten Brandstifter an die Wand zu drücken. „Könnten Sie hier vielleicht übernehmen?"

Kaum hatte der Kommissar Karlos Platz eingenommen, rief dieser hektisch in den Hörer: „Gianna!"

Nach Beendigung des Gesprächs war ihm jegliche Farbe aus dem Gesicht gewichen. „Ich muss los. Mein Baby kommt!"

Epilog

„Wollen Sie, Friedrich von Clausewitz, Reichsgraf des Fürstentums von Brandenburg, die hier Anwesende, Sophie von Hohenstein, Comtesse von Rheinsberg, zu Ihrer angetrauten Ehefrau nehmen, sie lieben und ehren in Gesundheit und Krankheit, bis dass der Tod euch scheidet, so antworten Sie mit Ja!“

Alle Augen der auf der Wiese versammelten Gäste waren gebannt auf das wunderschöne Brautpaar gerichtet, das auf der mit unzähligen Blumengirlanden geschmückten Holzbühne von Pastor Warmeling getraut wurde. Das fröhliche Fest wurde von einem ebenfalls kostümierten Lautenspieler und dem kirchlichen Flötenchor begleitet. Ein paar Jungs kämpften am Rande der weitläufigen Rasenfläche mit ihren selbstgeschnitzten Holzschwertern. Eine heiße Junisonne ließ die letzten Regentropfen vom frühen Morgen auf der Wiese vertrocknen. Alle Mitspieler trugen ihre eigens wieder hervorgeholten Kostüme. Sophies Anblick war eine Augenweide: Erne hatte ihre langen blonden Haare zu einem eng am Kopf anliegenden Kranz mit weißen Mini-Blüten darin geflochten. Ein prächtiges weißes Kleid umwehte ihren zierlichen Körper. Ferhad trug einen schwarzen Samtanzug mit den für das siebzehnte Jahrhundert typischen Spitzendeckchen auf den Schultern. Er strahlte über das ganze Gesicht.

Zum Glück hatte sich in den letzten drei Wochen der Schrecken in Wohlgefallen aufgelöst. Seine beiden Verfolger hatten ihn aus dem Wasser gerettet, in dem er aufgrund mangelnder Schwimmkenntnisse fast ertrunken wäre. Seine verletzte Hand schmerzte schon länger nicht mehr. Die Zeit des Versteckens war vorbei, weil der Brandstifter endlich gefasst war. Natürlich war Sophie schockiert, weil sie mit Pascal Putten einmal eng befreundet gewesen war. Niemals hätte sie ihm derartig feige Taten zugetraut. Ferhads Bruder Khaled war froh, dass ihm nichts Schlimmes passiert war. Ein bisschen hatte er auch das Gefühl, dass sein Vogel Kino sich freute, als er ihn endlich wieder begrüßte. Ihren Eltern hatten sie mit keinem Wort von den Vorkommnissen erzählt. Viel lieber berichteten sie von den positiven Veränderungen in ihrem Leben: Ferhad konnte endlich einen studienvorbereitenden Sprachkurs besuchen. Mithilfe von Karlos früheren Beziehungen hatte Khaled einen Praktikumsplatz in einer relativ großen Firma für Lasertechnik gefunden. Auch für zwei ihrer Mitbewohner sah die nähere Zukunft vielversprechend aus: Hasan konnte in einem neu eröffneten syrischen Restaurant als Koch arbeiten. Der studierte Archäologe Yassir unterstützte Elisabeth Wohlwill bei der Buchhaltung für die Gemeinde, um die Zeit bis zu seiner kaufmännischen Weiterbildung zu überbrücken. Nur Amir war nach langen Überlegungen in Richtung Algerien aufgebrochen, um dort seine Familie zu treffen und gemeinsam auf ein baldiges Kriegsende zu hoffen. In Anbetracht ihres Beitrags zur Ergreifung des Brandstifters hatte die überwiegende Mehrheit der Gemeindemitglieder überraschend positiv reagiert, als ihnen der Pastor reumütig mitteilte, dass es dieses Austauschprogramm für Köche nie gegeben hatte.

Besonders freute Ferhad, dass Gerd vor Kurzem aus dem Krankenhaus entlassen worden war. Auf seinem Weg zur Bühne hat ihn der um einen Spruch niemals verlegene ältere Herr im Rollstuhl sitzend auf seine unnachahmliche Art begrüßt: „Na, mein kleiner Ali Baba, wird das heute der Anfang der erfolgreichen Haremsgründung?“

„Schön dich zu sehen, Gerd …“ Ein wenig befangen gab Ferhad ihm die Hand. „… aber mir reicht eine Frau für

Glück!“

„Das kann ich nur bestätigen!“, schaltete sich kurz darauf der ganz in der Nähe stehende Karlo in das Gespräch ein, nachdem Ferhad weiter zur Bühne geeilt war. Im Tragetuch vor seiner Brust schlief die kleine Rosa. Die etwas müde wirkende Gianna kuschelte sich in seinen Arm. „Und manchmal gesellen sich wie von Zauberhand noch ein paar Mini-Frauen hinzu.“ Glückselig drückte er seine kleine Familie an sich. In nächster Zeit wollte er sich nur ihnen widmen und die Ganovenjagd bis auf weiteres der Polizei überlassen. Außerdem war es ihm seinem Sangesbruder gegenüber äußerst unangenehm gewesen, maßgeblich an der Überführung dessen Enkels als dem Feuerteufel von Neuengamme mitgewirkt zu haben. Hermann reagierte zutiefst erschüttert.

„Es gibt ja Leute, die bekommen den Hals nicht voll“, scherzte Christian Himmel, der zusammen mit Benjamin Florin dem Fest beiwohnte. Die Pastoren hatten in Ermangelung historischer Kostüme ihren Talar mit weißer Halskrause angezogen.

Während die Trauzeremonie in vollem Gange war, wandte sich Benjamin an Karlo: „Was ich schon lange wissen wollte: Weißt du eigentlich, was aus dem Diebstahl dieser Bilder geworden ist?“

„Soweit ich informiert bin, hat die Gemeinde keine Anzeige gemacht.“

„Unser Warmeling - der Gutmensch schlechthin“, bemerkte Christian grinsend. „Leider hat er jetzt ein echtes Problem.“

„Wieso?“

„Was meinst du denn, warum der eine Schinken ewig in der Abseite stand? Bestimmt nicht, weil er dort vergessen wurde. Durch die ganze Diebstahlsgeschichte hat sich die

Familie irgendwelcher alten Gönner von Förster gemeldet. Die wollen jetzt unbedingt erreichen, dass die verschollen geglaubten Kunstwerke entsprechend gewürdigt werden. Heißt: Umgehend einen freien Platz an den Kirchenwänden finden."

„Ist das Bild wirklich so schlimm?", fragte Benjamin erstaunt nach.

„Sagen wir mal so: Über Geschmack lässt sich bekanntlich nicht streiten, aber der gute Herr Förster hat sich bei seinen anderen Werken eindeutig mehr ins Zeug gelegt."

„Und was ist mit diesem Unternehmer Roland Kloss und dem Architekten von Maifels?", bohrte der Pastor aus Ochsenwerder weiter nach.

„Soweit ich weiß, ist Herr Kloss dabei, seine Sicherheitsfirma zu verkaufen, um dauerhaft nach Mallorca auszuwandern. Er hat wohl noch Ärger wegen dieser Schlafmittelgeschichte, aber wie ich seine gewieften Anwälte kenne …"

„… hauen die ihn raus."

„Herr von Maifels befindet sich seit der Geschichte auf einer ausgedehnten Kulturreise in Italien."

„Da sollte er lieber …" Christians Einwand wurde jäh unterbrochen. Kurz hintereinander erschütterten mehrere Explosionen die warme Luft. Aufgeregt rief die Menschenmenge durcheinander. Vereinzelt versuchten die Besucher, in Richtung Gemeindehaus zu entkommen, bis sie von einer durchdringenden Stimme aufgehalten wurden.

„Halt! Hierbleiben!", rief Gerd aus seinem Rollstuhl. „Das ist doch nur das Feuerwerk!"

Gebannt richteten sich alle Blicke zur Bühne, hinter der in regelmäßigen Abständen bunte Fontänen den hellen Mittagshimmel erleuchteten. Geistesgegenwärtig liefen Hasan, Khaled, Yassir und die beiden Gastpastoren um das Podium herum. Nach wenigen Augenblicken kehrten sie zurück. Christian und Benjamin hielten jeder einen zappelnden Jungen auf dem Arm.

Elisabeth Wohlwill schüttelte entrüstet ihren wohlfrisierten Kopf. „Nitro und Glycerin mal wieder. Diese Bengel!“

Als kurz darauf das Feuerwerk endlich verstummte, verschaffte sich Pastor Warmeling erneut Gehör: „Nicht dass es in Vergessenheit gerät, aber wir warten alle noch auf die Antwort meiner soeben gestellten Frage …“

„Ja, ich will.“

Dank

Zunächst möchte ich der Kirchengemeinde St. Johannis Neuengamme einen herzlichen Dank aussprechen. Mehrere Monate durfte ich mich im wunderschönen Gemeindehaus aufhalten und an diesem Buch arbeiten. Als am wichtigsten für meine Recherche stellte sich die tägliche Kaffeepause heraus. Was wurden dort nicht alles für spannende Geschichten erzählt! Unbedingt musste ich das historische Spiel mit einbauen, an dem jedes Jahr in den Sommerferien viele begeisterte Kinder teilnehmen.

Ein Dankeschön gilt auch Familie Kristan für mein inspirierendes Sommerbüro in Peter Lustigs Gedächtniswohnwagen. Wie schon in den vorherigen Bänden danke ich sehr gerne meiner Lektorin Anja Schäfer und Grafikerin Miriam Beyer für ihre Kreativität und den Blick für das Wesentliche.

Bedanken möchte ich mich vor allem bei meinen zahlreichen Schülern der Flüchtlingsunterkunft Bergedorf-West, denen ich seit über zwei Jahren die ersten und weiteren Schritte in unserer schwierigen Sprache zeigen darf. Vielen Dank Fahed, Mohamad, Saif, Mahran, Navid und allen anderen für Eure Freundlichkeit, Euren Ehrgeiz, Eure Erinnerungen, Euer Lachen!

Yared Dibaba hat so recht mit seinen Worten:

"Wenn ein Mensch vor anderen Menschen Angst hat, die anders sind, einfach mal hingehen. Einfach mal angucken, anlachen, ansprechen oder sonst was machen. Am Ende merkst du dann: Die sind gar nicht so anders ..."

Hasans Huhn

6 Hähnchenschenkel
1,5kg Kartoffeln
2 große Zwiebeln
1/2 Zitrone
4 Tomaten
Salz
Pfeffer
Curry
Piment
Kabsi-Gewürzmischung
1/2 Knoblauchknolle
Olivenöl

Zubereitung

- Hähnchenschenkel gut waschen.
- Zusammen mit einer Zwiebel in einem Topf mit siedendem Wasser für 20 Minuten kochen lassen.
- Ofen auf 250° vorheizen.
- Kartoffeln schälen & in Scheiben schneiden. In eine hohe Auflaufform legen & mit 5 TL Salz würzen.
- Zwiebel schälen & grob würfeln. Tomaten klein schneiden. Mit 50 ml Olivenöl unter die Kartoffeln mengen.
- Hähnchenschenkel aus der Brühe heben & mit den Gewürzen bestreuen.
- 4 Kellen Brühe über die Kartoffeln gießen.
- Schenkel mit der Hautseite nach unten auf die Kartoffeln legen. 75 Minuten im Ofen garen. Nach 50 Minuten wenden.
- Knoblauch pressen. Mit dem Zitronensaft & 20 ml Olivenöl vermengen. Über das Huhn gießen & weitere 15 Minuten garen.
- Dazu passt ein gemischter Salat.

Karlo ermittelt auch hier …

Deich Mortale

ISBN 978-3-00-044860-7

In seinem ersten Fall wird Junghotelier Karl Kolberg zum Aufklärer wider Willen. Was hat sein italienischer Gast Flavio Mantova auf dem Hamburger Lande gesucht? Warum liegt seine Leiche im Schilf der Dove-Elbe? Karlo gerät in einen gefährlichen Strudel aus Verdächtigungen und illegalen Machenschaften. Am Ende stößt er auf ein dunkles Familiengeheimnis.

Deich Secret

ISBN 978-3-00-049472-7

Warum lernt ein Hamburger Dorf Italienisch? Wieso verschwinden zwei polnische Landarbeiter? Was machen chinesische Schilder auf einem brach liegenden Feld? Woher stammen die Papiere eines Piloten der deutschen Luftwaffe? Hobbyermittler Karl Kolberg wird in einen neuen Fall verwickelt, der ihn von seinem „Vierländer Hof“ nach Ochsenwerder in die Hamburger Marschlande führt.

Deich Fatal

ISBN 978-3-00-066841-8

Im vierten Band überstürzen sich nicht nur die Ereignisse am sturmgeplagten Deich: Eine Kletterpartie wird Curslacks Hobby-Ermittler zum Verhängnis. Die Heilerin vom Oortkaten erhält Drohbriefe. Kommissar Spannich ermittelt einen Cold Case. Unzählige Sandsäcke später bleibt nur eine Frage: Werden Hamburgs Deiche halten?

Zur Autorin

Silke Schopmeyer ist Krimi- und Kinderbuchautorin. Außerdem hat sie im Junius Verlag einen Stadtteilführer über Bergedorf herausgebracht. Zusammen mit ihrer Familie lebt sie in Hamburg-Bergedorf.

www.silkeschopmeyer.de